Memoria Incendiada
(Antología personal)

PIEDRA DE LA LOCURA

Colección

Collection

STONE OF MADNESS

Homero Carvalho Oliva

MEMORIA INCENDIADA

(ANTOLOGÍA PERSONAL)

Nueva York Poetry Press®

Nueva York Poetry Press LLC
128 Madison Avenue, Oficina 2NR
New York, NY 10016, USA
Teléfono: +1(929)354-7778
nuevayork.poetrypress@gmail.com
www.nuevayorkpoetrypress.com

Memoria Incendiada
(Antología personal)
© 2019 Homero Carvalho Oliva

ISBN-13: 978-1-950474-08-0

© Colección *Piedra de la locura vol. 3*
Antologías personales
(Homenaje a Alejandra Pizarnik)

© Contraportada:
Haydeé Nilda Vargas
Miguel Sánchez-Ostiz
Teresa Domingo Catalá

© Concepto de colección y edición:
Marisa Russo

© Diagramación:
Luis Rodríguez Romero

© Diseño de colección y cubierta:
William Velásquez Vásquez

© Pintura de portada:
Maestro Jaime Vásquez
El templo de la luna
Oleo sobre tela
(1.60x1.40cms.)

© Fotografías del autor:
Francisco Hurtado (portada)
Felicity Knock (pg.16)
Sabrina Ullatarco (pg. 132, 136)
Fernando Figueroa (pg. 200)
Manfredo Parada (pg. 201)

Homero Carvalho Oliva
Memoria Incendiada (Antología personal) / Homero Carvalho Oliva; 1a edi-- New York: Nueva York Poetry Press, 2019. 224p. 6"x 9".

1. Poesía boliviana 2. Poesía sudamericana. 3. Literatura latinoamericana.

A Carmen Sandoval, siempre.

ACLARACIÓN

Esta antología personal incluye una selección de poemas de los libros *Las puertas, Diario de los caminos, Inventario nocturno, Quipus, La luna entre las sábanas* y *Bautizar la ausencia,* elegidos por el poeta Homero Carvalho Oliva; el autor no agrega a esta muestra los poemarios *Los reinos dorados, El cazador de sueños* y *¿De qué día es esta noche?,* porque considera que cada uno de ellos es un extenso poema que debe ser leído en su conjunto.

El título *Memoria incendiada* le pertenece a uno de los poemas biográficos del poeta.

El equipo editorial

ARTE POÉTICA

Antes de que los seres humanos fuéramos tales, ya la poesía era. Precediendo al fuego, ya incendiaba los cuerpos. Antes de la danza, se revelaba en el movimiento de las aves. Previa a la palabra, hablaba en el viento trayendo las voces de la Creación. Imaginando la música, la poesía habitaba en el silencio de las aguas marinas. Anoticiando la escritura, se aparecía en las huellas que los pies de nuestras amadas imprimían en el ámbar de las cosechas. La poesía era Diosa y el infinito y los que lo habitamos su creación. La poesía es Élan vital, la energía que mueve y transforma el todo.

La poesía es una forma de conocimiento, de percibir la realidad, de transformarla, de ilusionarla, de sentirla, de esperarla; escribirla me produce un inmenso júbilo, me reconcilia con la vida y con el cosmos, por eso mismo creo que la poesía es la verdadera conquista del ser humano, mejor aún si la poesía me escribe a mí mismo. La filosofía me ayuda a realizar las preguntas correctas, pertinentes, y la poesía me ayuda a responderlas. Escribir poesía es hacerle el amor al lenguaje; cuando escribes poesía no sólo debes pensar en las palabras como arte, debes sentirlas como arte. La poesía seduce a los fantasmas de las palabras y los revela en una indiscreta epifanía literaria.

La Poesía es una nube preñada de imágenes. Un niño la ve y se imagina un sombrero, una joven ve un jarajorechi, un hombre ve lo que sus hijos quieren ver. Un muchacho ve los ojos de la vecina y un caminante descifra los símbolos del tiempo. Cuando escribo poesía sucede que si escribo Río, me llueven peces.

Poesía es la distancia que hay entre una gota de rocío y un caracolito. Es la tierra madre a la que volvemos para sembrarnos y paladear sus íntimos sabores. Poesía es el Árbol de los recuerdos, que en vez de hojas verdes posee páginas escritas con las nostalgias, los deseos, los amores, las esperanzas y las decepciones de la gente.

La poesía es una carga de caballería sin ninguna posibilidad de sobrevivir. Es la primera oración de La Metamorfosis y el último verso de Serguei Esenin escrito con su propia sangre prometiendo un encuentro en el futuro. Es el sereno temblor que alienta a Vito Apushana. Es Homero cantando que los dioses traman desgracias para que los hombres tengamos algo que contar. Mi maestro Fernando Pessoa, transmutado en Ricardo Reis, afirma que: "debe haber, en el más pequeño poema de un poeta, algo por lo que se note que ha existido Homero"; por eso cuando escribimos un poema revivimos al aeda griego.

La Poesía es el camino que nos conduce a los Reinos Dorados, allí donde moran los que fuimos, los que somos y los que seremos. Es la música del poema "Siempre", de Ricardo Jaimes Freyre y la fuerza telúrica del "Canto al hombre de la selva", de Raúl Otero Reiche.

La Poesía es la Santísima Trinidad, en la que el Padre es el autor, el Hijo es el libro y el lector es el Espíritu Santo. Es el Urim y Tumin con el que nos comunicamos con la amada.

Poesía es despertarse y saberse otro y seguir viviendo como si fuéramos el mismo, es un lugar imaginario, con imágenes verdaderas.

Poesía son esas palabras que nos recuerdan algo pero que nunca sabremos qué es. La poesía sucede cuando Dios y el Diablo se descuidan y nos dejan ser plenamente humanos. Por eso creo que el poeta Yves Bonnefoy tiene razón cuando afirma que "La literatura es una posibilidad de la lengua, la poesía es una manera de despertar la palabra".

El poema, que es un fragmento de la poesía, se desliza por la página, como el sol por el horizonte, y lo ilumina todo. Cada vez que se escribe un poema, nos liberamos del tiempo y el universo se expande. Cuando leemos un poema no nos debemos preguntar qué quiso decir el poeta, sino que queremos decir nosotros, los lectores, a través de ese poema. El buen poema se explica en tu interior. Después de leer un buen poema, el silencio cobra sentido.

Poesía es mamatomba serembe cuserembó camba kolla kunumi imilla diko:kon yasoropai Tumpa pe

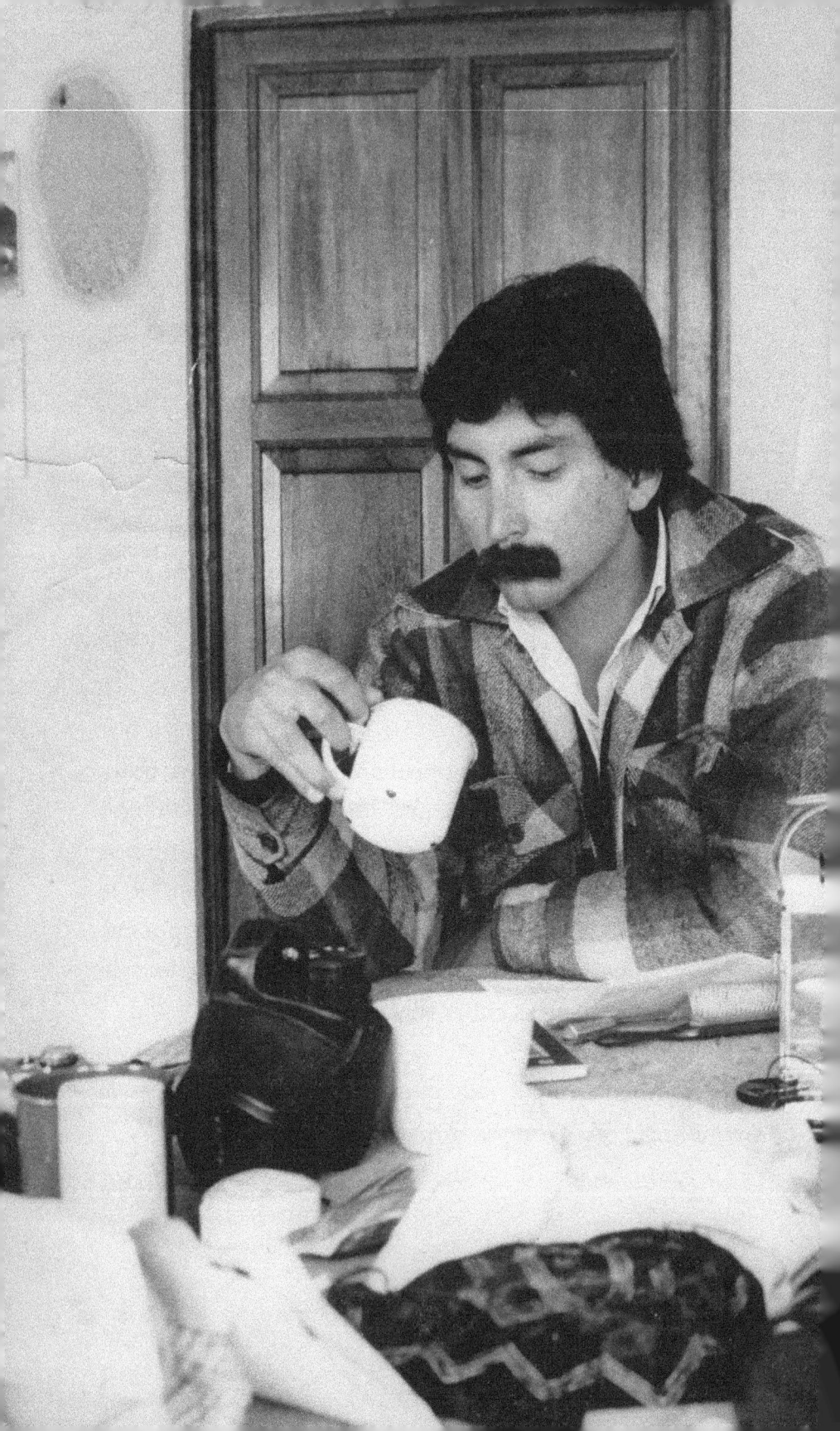

De *Las puertas* (2005).

HISTORIA

La ciudad
orgullosa de sus victorias bélicas
presumía de su monumental puerta

Los juglares le cantaban epopeyas
los historiadores repetían mitos populares
los poetas rivalizaban por un inmortal soneto
los jóvenes se inmolaban buscando entrar en la leyenda

La puerta era la historia
la ciudad el patio trasero

Solamente las madres
la evitaban sigilosas
susurrando maldiciones
mirando sin mirarla.

LA ENGREÍDA

Esta puerta
de madera maciza
de vitrales de latón insulado
soberbios cerrojos de nobles metales
alucinados en las fraguas toledanas
conquistó airados mares y esquivas sirenas
venciendo blancas tormentas andinas
para alcanzar destino final en un pueblo de la llanura

Opulenta y magnífica
tuvieron que tumbar la casa
para lucir la engreída puerta.

LA PUERTA DEL TIEMPO

Alto
    muy alto
      allá arriba
escarbando las nubes peregrinas
bajo el alero de los tejados españoles
suspendidos por gruesas columnas de troncos
espíritus inmortales de árboles de soto
sabiamente tallados por nativas manos

Superando los primorosos arcos
de las colosales y sagradas puertas
de los soberbios templos chiquitanos
maderas finas de bosques cercanos
bautizadas con el sudor moreno
endurecidas con sangre virgen
y bendecidas por rezos matutinos

Bellas puertas de cedro maduro
con relieves de risueños rostros
de cóncavos ojos y pequeñas alas
de impúberes y cabezones angelitos

Los jesuitas
misioneros y guerreros
aprovechando ocres de la tierra
esperanzados y convencidos escribieron:
"Casa de Dios y puerta del cielo"

Gracias a Dios Padre y Señor
los indígenas no sabían leer
salvajemente puros ingresaban a escuchar misa.

VECINOS

En los pueblos
las bestias feroces
se ocultan en el monte

En las ciudades
no sabemos que oculta
la puerta de al lado nuestro.

LA PUERTA DE MI CASA

Olvidado está
el número de puertas
que he abierto y he cerrado

Las había de hierro forjado
de nogal enchapadas en bronce
de roble con tableros cuadrados
algunas talladas en cedro viejo
otras en olorosos pinos americanos

Madero contra madero
las mejores puertas del mundo

Ninguna se compara
a la del alegre tajibo
que abre mi casa
y cada mañana
                florece
                        con la risa de mis hijos.

LA PUERTA DE MIS HIJAS

Para Brisa Estefanía y Carmen Lucía

En su cuarto
detrás de una puerta
que sonríe cuando la abrimos
mi hija me presentó a su hada madrina
la vi sonrojarse como roja cereza
y la escuché reír sonora como las abejas
volando por la habitación cual rana traviesa

Por la misma puerta
                    inevitables
                              entraron los años
Y el Hada se fue despacito
para no despertar a mi hija.

Hijo

Para Luis Antonio

Ayer
abríamos puertas
con mi travieso hijo
inocente descubridor de soles

Me enorgullecía
llevarlo de la mano
disipando sus temores

Hoy
imprudente
seductor de lunas

Él abre las puertas
y se enorgullece
        de llevarme de la mano
disipando mis temores.

BÚSQUEDA

Soñé palabras
que abrían puertas
desperté con un extraño manojo
aún estoy buscando las cerraduras.

INEVITABLE

Cada tiempo
posee sus horas oscuras
cada puerta
sus golpes no deseados.

ADELANTE

¿Habrá
algo más aterrador
que una solitaria puerta
entreabierta en medio de la destrucción?

VIDA

Las incontables puertas
que abrimos o cerramos
para adentro o para afuera
son páginas que escribimos
día tras día sin vueltas de hoja
ni aclaraciones al pie de páginas
acaso sólo brevísimas fe de erratas.

De *Inventario Nocturno.*

Premio Nacional de Poesía 2012

MI PADRE

En memoria de Antonio Carvalho Urey
y para todos mis hermanos

Mi padre murió en 1989
y hasta ayer no lo supe con certeza
su crepuscular ausencia llegó hasta mí
como la luz de esas estrellas
que se murieron hace miles de años.
Lo supe cuando uno de sus libros
me encontró desprevenido
y al leer su amorosa dedicatoria
recordé cuánto lo extrañaba.
Recordé esas épocas
en las que me asombraba
su romántico anarquismo
su terrenal sabiduría
y su especial poder de seducción
talento de ángel en celo
con el que apalabraba
a las más hermosas mujeres
y yo era una semilla que soñaba
ser como ese árbol gigante
poblado de quimeras amazónicas
épocas en las que el futuro
tenía el nombre de mi padre.
Cerré el libro y me dispuse
a engendrarlo en mi memoria
para hacerlo nacer en mis palabras.

PALABRAS

Para Carmen Sandoval, por supuesto

A la palabra Lluvia
hay que mirarla bañando los huertos

A la palabra Viento
escucharla acariciados por su transparencia

A la palabra Rocío
palparla como un colibrí roza la luna llena

A la palabra Manzana
saborearla recordando algo prohibido

A la palabra Jazmín
olerla como si fuera a estallar en los labios

Con la palabra Amada en cambio
debemos conjugar todos esos verbos.

JUEGOS NOCTURNOS

Cuando estoy cuerdo me gusta llamarme Homero y a mi compañera Carmen. Cuando estoy loco a ella le gusta que la llame Josefina y conquiste su cuerpo como si fuera Europa; y cuando yo me pierdo y me creo Odiseo, ella se convierte en la esposa que teje la ira esperando mi regreso. A veces soy Edipo y otras ella es Electra, o ella es Cleopatra y yo Antonio, o ella es Julieta y yo Romeo que se parece a mi nombre. Pero nada iguala el juego de ser nosotros mismos, ella Carmen y yo Homero, yo Carmen y ella Homero.

HERENCIA

Para Brisa Estefanía, Luis Antonio y Carmen Lucía

No vayan a creer
en Adán y su manzana
en los héroes de la historia oficial
en la solemne Constitución
y sus cuentos de Leviatán
en los pronósticos del fin del mundo
ni en las lágrimas de los políticos
cuando hablan de la patria
la patria no es otra cosa
que alguien a quien amar
una ciudad elegida para vivirla
una canción que nos convoca
un paisaje imprescindible
y los abrazos de sus padres
y por cierto los nueve meses
que maduraron cual simiente nuestra
en el vientre acuático de su madre
y el amor que se estremecía
haciéndonos balbucear de alegría
cuando pateaban la luna
anunciando que pronto nacerían
eso hijos míos y que sepan
que cuando nacieron
descubrimos que nosotros
éramos sus herederos.

FANTASMAS JUBILADOS

Tan lejos está mi pueblo
que se ha convertido
en un lugar de fantasmas jubilados
que ya no espantan
en las noches de tormenta.

NOSOTROS

Fuimos tantas veces nosotros
que me fui olvidando
que tú eras tú y yo era yo.
Hoy después de tantos años
extraño que tú no seas tú y yo no sea yo.

REDIRE MORTIS

Cuando yo muera
no se apenen por mi ausencia
ni digan que me extrañan
no vaya a ser que resucite.

LECCIÓN DE GRAMÁTICA

Cuando éramos niños
las muchachas tenían nombres
de santas y beatas
    se llamaban
Rosario, Juana, María, Inés.
.

Y lo importante era el sujeto.
Por ejemplo: María es una niña bonita.

De jóvenes sus nombres
se volvieron secundarios
y los atributos del predicado nos hechizaron:
           Las imponentes nalgas de Rosario
         las inequívocas piernas de Juana
     los negros ojazos de María
las indivisibles tetas de Inés
que eran más atractivas
que los ángulos de todos los cosenos.

Y ahora que estamos viejos
los verbos pretéritos son el presente
y ya no sabemos
si las nalgas eran de Rosario,
de Juana, de María o de Inés.
Confundimos sujeto con predicado;
pero, a la profesora que se parecía
a Rita Hayworth y a nosotros, ya no nos importa.

POÉTICA ESDRÚJULA

Tímidos, jóvenes, románticos, vértigo, cómplices, sábanas, húmedas, íntimos, erótico, cópula, éxtasis, cónyuge, efímero, lágrimas (...) árboles, mandrágoras, nenúfares, madréporas, tréboles, luciérnagas, búfalos, murciélagos, águilas, cóndores, pelícanos, hipopótamos, víboras (...) búsqueda, histórica, geógrafo, brújula, marítimo, mástiles, relámpagos, América, pirámides, utópico, hispánico, monárquico, indígena, síntesis, república (...) música, sílabas, fábula, metáfora, imágenes, semántica, metafísica, diálogos, poético, épico, lírico, artístico (...) homínidos, mítico, teólogos, diáspora, filósofos, místicos, máscaras, ídolos, pontífices, políticos, líderes, sicópatas, sátrapas, súbditos, autónomos, ejércitos, máquinas, cadáveres, metrópolis, necrópolis, anónimos, terrícolas, galáctico, paréntesis.

HAMLET

Vivir morir soñar acaso
Morir soñar acaso vivir
Soñar acaso vivir morir
Acaso vivir morir soñar

Vivir morir   acaso
Morir soñar   vivir
Soñar acaso   morir
Acaso vivir   soñar

Homero Carvalho Oliva

ANVERSO	REVERSO
la esclavitud	seres humanos
comenzó	éramos
cuando	cuando
nos dimos	nos dimos
cuenta	cuenta
que	que
éramos	comenzó
seres humanos	la esclavitud

PREGUNTAS

¿Qué dicen los árboles
cuando el viento mueve sus hojas?

¿Quién se robó el mar
que suena en las caracolas?

¿Qué será del cielo
cuando desaparezcan las aves?

¿Serán los besos
el puente
entre dos silencios?

¿Será el silencio
la melancolía de las palabras?

¿Será cierto que hay palabras
que maduran y se pudren como las frutas?

¿Y si un día amanecemos
prendidos de un muestrario
como esos bichos clavados por un alfiler?

¿Y si Cervantes fue el sueño del Quijote?
¿Entonces qué?

PREGUNTA EMBLEMÁTICA

¿Qué otra cosa es una bandera nacional
sino una
tela de colores con aires de grandeza?

LIBERTAD

Al expulsarnos
   del Paraíso
      Dios nos dejó
         en libertad
      plena
    para buscar
nuevos dioses.

Homero Carvalho Oliva

DESPERTAR

Y entonces
fuera del paraíso
Dios dijo
háganse
los sueños
y el hombre
despertó
para hacer
realidad
los sueños
divinos.

DOMINGO

Es domingo
y se acaba la semana de la Creación.
Es domingo
y al despertar siento
un profundo dolor en mi cuerpo
como si alguien en la noche
me hubiera robado una costilla.
Es domingo
y pienso ir a la misa de la Catedral
a preguntarle a Dios
dónde puedo encontrarla.

CARTAS I

De Adán para Eva

Mi incomparable Eva:
Que este poema reemplace a la hoja
que te arrebataron cuando perdimos el Paraíso.

De Eva para Adán

Inevitable Adán, razón de mis pecados:
Del Paraíso perdido
solo extraño la obscena sensación de lo prohibido.

CARTAS II

De Sade para Justina

Señora mía, dueña de mis sueños húmedos:
Que mis palabras se vuelvan besos indiscretos para que, sin
vergüenza alguna, se posen en su delta, sobrevuelen su
quebrada y penetren en sus ensenadas, haciendo estallar sus
cimas aureoladas.

P.D. Va, también, un beso rezagado para que usted lo emplace donde
más lo necesite.

De Justina para Sade

Mi amo y señor, Marqués de mis ardores:
Recibí sus besos y los muy sinvergüenzas no tuvieron
compasión conmigo, consumaron con preñez la misión
encomendada haciendo fluir en torrente las aguas de mi río.
Sobre este papel, saboreado en exceso, va un carmín con la
imagen de mi boca, redonda y lunática, para que la pose
donde usted y yo sabemos le complace.

ESCRITOS EN EL MURO

La poesía es el psicoanálisis
de los pequeñoburgueses
La copla de los pobres
El bolero de los románticos
El rock de los jóvenes
El jazz de los negros
y el grafiti de los poetas sin editor.

ARAÑA

Al interior
de este poema
se pasea una araña
tejiendo su tela
en cada palabra
solo los lectores
que se enredan en ella
pueden encontrarla.

PATRIA

La página en blanco
es la patria del poeta
habrá de liberarla
poblándola de versos
o morirá en el intento.

RUTINA

En esta urbe de apariencias
y de seductoras banalidades
hay muchachas bonitas
que se han convertido
en sus propios anuncios comerciales
y existen omnipresentes noticieros
que compiten entre ellos
vendiendo a los muertos del día
olvidando que sobrevivir a la jornada
es la verdadera noticia.

Homero Carvalho Oliva

LOS POBRES

Las casas de los pobres
no tienen puertas ni ventanas
porque su soledad no necesita de encierros.

Son tan oscuras sus noches
que los pobres sueñan
con las vísperas de la Creación.

Las ollas de los pobres
ya no sirven para cocinar
son campanas que anuncian
que están aquí y que no se irán
hasta que alguien los escuche.

Los pobres yacen con su insomnio
en duros colchones de paja
o el cansancio los acuesta
en las duras veredas de las calles.

Los domingos los pobres
que nunca sufren de estrés
ni visitan a los psicólogos
van a la misa y sus rezos
son un rumor de muchedumbre
suplicándole a Dios
algún milagro de vida
mientras los otros

estrenando ropa dominguera
van de uno en uno
para pedirle un viaje
al recién descubierto paraíso
y le dejan al aburrido párroco
una limosna que es igual
al salario de un mes de los pobres.

Los pobres son tan buenos
que cuando llega un pariente rico
matan a la única gallina ponedora
para agasajarlo con un plato criollo.

Los nombres de los pobres
son tan comunes que siempre los olvidamos.

Los pobres cargan a las ciudades
sobre sus espaldas y las ciudades
solo se acuerdan de ellos en el censo.

Los pobres no tienen dónde caerse muertos
y no les queda más remedio
que seguir viviendo su pobreza.

Los pobres nacen marcados
para que nadie olvide que son pobres
y cuando dejan de serlo
siempre hay algo que los delata:
su estridente música callejera
sus inoportunas y sonoras carcajadas
sus comidas que huelen a cebolla cruda

y el descaro con el que muestran
que dejaron de ser pobres
ofendiendo a los afortunados de cuna
de apellidos sobrevalorados
que no quisieran tenerlos en sus barrios
ni en sus exclusivos clubes sociales
porque creen que el cielo
y las buenas costumbres
son de su propiedad privada.

EMIGRANTES

Creen que se llevan
el amor de una muchacha
prendido como un escapulario
que espantará todos los males
el sabor del guiso de carne de la madre
el abrazo del amigo de infancia
que promete recordarlo en cada festejo
la lágrima del hijo que inunda sus labios
y el olor a humedad que en cada verano
recorre las calles y se pega en las ropas.
Cuando llegan a su destino
            al otro lado del mundo
descubren que han olvidado su equipaje.

INVENTARIO NOCTURNO

Escribo para evitar
que la ficción del tiempo
y el malhadado olvido
coleccionen mis recuerdos
para decir con Cavafis
que ya no les temo
a los lestrigones ni a los cíclopes
porque los he conjurado en mi alma
y aunque aún no he llegado a la meta
ya sé lo que son las Ítacas
sé que el camino de retorno es largo
tan largo fue el viaje de medio siglo
que en la travesía me aguardan
otras ciudades y puertos interiores
e intentaré llegar a ellos
despojado de vanidades
y con mi sombra de estandarte
iluminado por el fuego
del carbón que no pudo ser diamante.

Me he despertado
en el sueño de la poesía
y he reconocido mi nave
mi íntima Nef des fous
navegando hacía mismo
y me veo en la desierta proa
sentado en un sillón de madera

registrando mis recuerdos
nombrándolos con rojo y azul
en unos viejos cuadernos de cuentas
que encontré entre mis libros.

Ha terminado la jornada
los destinos del sur exaltan las velas
y la trastornada noche estrellada
del deicida Vincent Van Gogh
nos imagina con secreto júbilo.
Por ahora el alma/zen del poeta
está cerrado por inventario.
                    Vuélvase mañana.

De *Diario de los caminos* (2013).

LA PARTIDA

Toda partida
nace de un silencio
y si dices que vas a partir
es porque ya te has ido
y el camino peregrina en ti
así como las montañas
los ríos las quebradas
y las ciudades que imaginas
distantes como la que vas a dejar
ya son esencia enraizada
en tu paisaje interior.

El otro que también soy yo
me avisa que no olvide
que la partida entraña
la ceremonia del retorno
en la que el fuego de la palabra
será el principio que concentre
lo perdido lo temporal y lo eterno.

EPIFANÍA

Mi alma, que ya estaba despierta antes de mi primer llanto, me aconsejó que no partiera cargado de zozobra, que meditara y que me asegurara de llevar el equipaje necesario, que dejara espacio para la poesía que por los caminos se iría revelando, y que no olvidara las buenas palabras del sabio Jamioy, poeta de la nación Kamsá del valle de Sibundoy, en el Putumayo colombiano, quien aconseja que en el camino "debes tener los pies en la cabeza para que tus pasos nunca sean ciegos".

LA PIEL DE LOS CAMINOS

Yacen los caminos por el mundo
como si estuvieran dormidos
esperando que el caminante
los despierte con sus suaves pisadas.

LENGUAJE DE LOS CAMINOS

Los caminos poseen sus lenguajes
los vas aprendiendo paso a paso
y un día descubres que el camino
te va confiando sus ignotas cifras
con las que tu cuerpo
va aprendiendo a caminar hacia tu alma.

BARRO MOLDADO

En el camino no importa tu nombre, solo tu presencia, y el tiempo se mide por los pasos que has andado. Caminando descubrí el poder de la inmensidad, la esencia que sostiene al mundo en comunión con el cosmos, el alma grande de la naturaleza que todavía no ha sido desacralizada, la palabra de la naturaleza y la mía se volvieron una sola y sentí que era nadie, pero al mismo tiempo era dueño de todo lo que veía.

La distancia entre lo que ves y lo que sientes no está en tus pies, está en las palabras con las que describes el paisaje, porque el paisaje también eres tú y por tanto es una expresión del ser; todos los paisajes por muy agrestes o desolados que parezcan siempre tienen algo que decir y existen palabras sagradas para nombrar a la naturaleza. Esta fuerza nominativa es poética y tu espíritu lo sabe, si encuentras las palabras apropiadas tendrás una experiencia estética, el paisaje se moverá en tu interior y el horizonte será tuyo, comprenderás que la Arcadia también puede estar instaurada en tu jardín.

Mi alma me hizo recuerdo —el recuerdo es una potencia del alma— de los nombres trashumantes de los espíritus tutelares de la naturaleza (bawrawa:wa dicen mis ancestros movimas), palabras sagradas con poderes míticos, y, para evitar que mi presencia sea sacrílega, les pedí permiso para cruzar por sus cañadas, sus selvas, sus montañas y sus ríos. No existe otra iniciación para los misterios de la naturaleza que el amor a la misma naturaleza; solamente el amor puede hacernos comprender estos misterios que nacieron junto con los tiempos.

Una noche, a cielo abierto, bajo las estrellas, donde el silencio es el mundo, descansando de la jornada en una apacheta, tomé una piedra, de esas que han resistido los cataclismos, y froté con ella mi cuerpo desnudo para que se lleve todo mi cansancio y me renueve la energía cósmica; con la energía alcancé mi cábala, comprendí que la Divinidad reposa en mí y ella se despertó para comunicarme con el Universo.

La noche fue una pascana que me permitió el reencuentro conmigo mismo y me ayudó a comprender la raíz de mis cobardías, de mis vanaglorias y de mis excesos, así como la de mis efímeras victorias; asumí que la sabiduría es aceptar la metamorfosis de todas las cosas y decidí salir de mi sombra y ser el espectador de mi propia vida.

Ver y oír se volvieron un solo sentido, tuve la sensación de estar viendo con los oídos y de estar escuchando con los ojos, y se me revelaron cosas sobre mí mismo que me sorprendieron y pronto descubrí que muchas de ellas partieron conmigo y, si bien no pude obtener todas las respuestas, sentí que, desde adentro mío, algo o alguien me ayudaba a formular las preguntas precisas.

Entonces llovió en mi interior y me sentí barro moldeado por la noche estrellada. Dejé de pensar y el Universo me pensó.

PREGUNTAS

¿Qué se camina cuando se camina? ¿Se camina el sendero o lo que imaginamos del camino? ¿No será el camino que desanda nuestros pasos? ¿El azar también se llama camino? ¿El camino de Antonio Machado será la distancia entre el alma y el cuerpo? ¿Sería el camino el rayo que habitaba al poeta Miguel Hernández? ¿Será cierto que en el camino la conversación resucita a los muertos? ¿Nos llevaremos los caminos cuando partamos al mundo otro?

CAFÉ Y LOS AUSENTES

Para GigiaTalarico, Martha
Peñaranda, María Esther Antelo e
Isabel Velasco, que conocen el ritual de las palabras.

Alrededor de una taza de café
humeante y fraterno como las antiguas fogatas
discurre la tarde
la tarde que se repite eterna
mientras apalabramos los caminos
y sentimos que amistad es una palabra compartida.

Las multitudinarias palabras
van y vienen, asombran y aclaran,
y bautizados con ellas se siente
la presencia de los ausentes,
los que se fueron participan del diálogo
acudiendo solícitos a nuestra memoria
trayéndonos las imágenes olvidadas.

Alguien llega a la mesa
y pide otro café negro
sin saber que junto con él
vienen sus muertos queridos
y aporta con las palabras que faltaban
para hacer de la reunión
un acontecimiento que, un día después,
olvidaremos para empezar de nuevo
el antiguo ritual del fuego
y las palabras alumbradas.

LA RISA DE LOS NIÑOS

Las risas infantiles
venían desde un puente cercano
los chiquillos jugaban entre ellos
ajenos al imponente sol de la llanura.

Me acerqué al puente
descargué mi bolso de cuero
tomé un libro de poesía
y antes de que pudiera abrirlo
algunos de los niños se lanzaron al agua
y el río escribió el poema.

VER DESDE ADENTRO

Cuando llegues a un lugar en el que hace cientos de años hubo una batalla, no veas la paja brava que nació de la sangre derramada, ve a los guerreros que la rociaron y siente la furia y el miedo, siente la muerte y la resurrección que aún campea por esos lados; desde tu interioridad escucha los viejos cantares de gesta que los guerreros entonaban antes de las batallas. No camines de prisa, recuerda que estás sobre huesos olvidados y pisas la tierra que se hizo con la carne de los que alguna vez amaron. Ve, desde tu interior, y descubrirás que los recuerdos que se transmutan en lugares tienen un valor que no se mide por lo que contienen, sino por lo que significan.

CAMINOS Y SOMBRAS

Los caminos son como nuestras sombras, necesitamos de luz para proyectarlos.

POÉTICA

El poema sobre ti
se fue escrito en tu cuerpo.

La última vez que lo vi
fue cuando la puerta se abrió al camino
y tus nalgas se llevaron mi poema.

AMAZONÍA

Pude haber nacido
en otro lado del mundo
llamarme Ismael
y navegar en el Pequod
al mando del capitán Ahab
surcando los mares del sur
en busca de la ballena blanca.

Mis padres quisieron que me llame Homero
y que naciera en la Amazonía
sueño húmedo y milagro vegetal
donde los secretos están bajo
las raíces de los altos árboles
y desde el frutecido olor del sinini
del cayú del motoyoé del asaí y del achachairú
se pueden sentir los sonidos de la creación
donde la selva es aún una página en blanco
en la que aparecen Divinidades y animales insurrectos
donde los ríos son los viejos caminos de mi pueblo
por los que los transcurren sus míticas historias.

Hace miles de años
allá en la tierra de los Moxos país de Enín
de Candire del Paitití y de los Reinos Dorados
los ríos eran potros domados
sobre los que cabalgábamos la llanura.
Perdida esa sabiduría
tras la llegada de las aguas salvajes

que dejaron a las pampas
como un desierto iluminado
hoy los ríos atropellan desbocados
a las naciones de nuestra Amazonía.

Ahora los ríos son los hilos
con los que tejemos nuestros pensamientos
y cargan el recuerdo de nuestros muertos queridos
sobre los que el Sol y la Luna
       son un tembloroso corazón
            preñado de abundante vida.

Todos los años
después de una nueva inundación
el agua nos descubre los vestigios
de la civilización que una vez hundió
y el viento encrespa los castaños
dejando ver el arcoíris como un aleteo de alas.

Allá por la llanura amazónica
y entre la espesa selva
fluye poderoso el río madre de todos los ríos:
            el Mamoré
tan grande y potente es su rumor
que nos hace olvidar que alguna vez tuvimos mar.

Allá donde el agua es el origen del verbo
solo necesito de una canoa y un remo
       para llegar hasta el playón
          donde me espera mi Amada
            desnuda y morena como una gota del río.

LOS TRES CIELOS

Para todos mis hermanos

Allá donde los animales, las flores, las yerbas, las aves y los insectos, tan solo conocen el bautizo de la lluvia y aún guardan sus nombres secretos, donde la Creación es aún una tarea inconclusa, sentado a la vera de un arroyo de recorrido voluptuoso, descubrí que la memoria del mundo es un espejo, y la voz de Nemesia, mi abuela materna, me llegó como un eco sideral. Su voz antigua, como la de nuestros ancianos de Moxos, acarició mi cuerpo entero y me reveló los tres planos metafísicos en los que habitamos, ancestral sabiduría de la gente del agua que ahora nadie recuerda. Me habló del cielo o mundo de arriba habitado por la Divinidad, su espacio es el Universo infinito; del cielo o mundo de aquí que es el plano terrestre habitado por todas las especies y el cielo o mundo de adentro que es donde moran los espíritus de la naturaleza.

Esa revelación me hizo recuerdo a mi niñez en la ciudad de La Paz y a las conversaciones con una indígena aymara que trabajaba en mi casa, ella hablaba también de tres niveles que organizan la Tierra: Alaj Pacha o mundo de arriba, el Aka Pacha o mundo de aquí y el Manka Pacha o mundo de adentro. Asimismo recordé las enseñanzas cristianas que definen a la Santísima Trinidad como Padre (Dios), Hijo (Jesús que vino a la Tierra) y Espíritu Santo (que define nuestra realidad espiritual).

El mundo está hecho de múltiples vínculos, recíprocos y complementarios, me dijo mi abuela, lo que creemos único está relacionado con otras formas que aparentemente le son extrañas. El Universo y la vida entran en comunión a través de la poesía. Por eso todos los poemas están conectados y cuando, al otro lado del mundo, un poeta escribe un verso, algo de su potencia le llega a sus hermanos y al mundo entero, y cuando muere alguno se pierde una chispa del espíritu colectivo. Si bien leer a un poeta es, en esencia, leer a todos los poetas, no por eso debes dejar de leer lo más que puedas porque las palabras nunca son iguales. ¿Ves este arroyo?, mientras lo ves es otro y es el mismo, algo ha cambiado en él que solamente tu espíritu puede sentirlo, eso mismo sucede con las palabras y los poetas lo saben. Así también sucede con el tiempo, lo que creemos pasado, presente y futuro, son planos de una misma realidad que está más allá de los sentidos. ¿Ya ves? nuevamente tres planos: pasado, presente y futuro, por eso durante el día tienes que lograr que permanezcan en equilibrio, para que en la noche —mujer preñada de imágenes— y a la sombra del poema, tu sueño sea placentero y puedas elevarte desde tu cuerpo a la inmensidad. Nunca olvides que el tiempo también es sagrado y nosotros somos apenas un puñado de arena en la mano cerrada del tiempo; el mismo tiempo que camina en ti desde antes que nacieras y únicamente respeta a las palabras, porque ellas pueden evocarlo y convocarlo, así como inventarlo; recuerda que ahora las palabras ocupan el lugar de los dioses desaparecidos. Cuando cuentas de una ciudad en la que estuviste, estás contando de la ciudad que fue, de la que es y de la que será, me dice mi abuela.

La noche es el espacio propicio para las voces y, atraído por mi recogimiento, la voz de mi padre, que conocía el origen de las palabras y el destino del lenguaje, se acercó a mi corazón y me contó que, luego de haber recorrido muchos caminos, había llegado a la conclusión de que la literatura es la perfecta metáfora del tiempo, porque encierra lo transitado, lo vigente y lo que vendrá. Es infinita, porque cada libro es tan solo una palabra de un libro mayor y perpetuo que se escribe sin cesar. Está en eterno movimiento, nominando los mundos interiores, la vida cotidiana y la búsqueda espiritual, y se transforma en acción si el libro es leído y comprendido; entonces se convierte en una onda, imperceptible, que intenta interpretar el caos. Cuando el orden definitivo suceda al caos, la literatura ya no será necesaria y nosotros, los seres humanos, no tendremos sentido y los mundos, los soles y las galaxias, desaparecerán, no existirá nada y la nada es la negación de la palabra. Ese será el momento cuando la Divinidad volverá a despertar y, nuevamente, conjugará los verbos para que todo vuelva a existir, susurró Antonio, mi padre, que vive en mi cielo interior, y su voz se fue apagando junto con el canto de las aves nocturnas para dejar que las voces de la alborada anuncien el nuevo día.

EL FIN DEL MUNDO

Para llegar al fin del mundo
no necesitas salir de Bolivia.
Basta con que viajes en un destartalado bus
de La Paz Cochabamba o Santa Cruz
y a media hora del centro
en un vertiginoso vértigo temporal
como una herida abierta
en las aparentemente sofisticadas urbes
allí donde los hombres
se confunden con la basura
están los barrios pobres
las villas miseria de las que los políticos
solamente se acuerdan en épocas electorales
las auténticas últimas fronteras
los domésticos fines del mundo
               que cada país posee.

ALGUIEN TE PIENSA

En este preciso instante
mientras tomas un descanso
en el camino de la vida
alguien piensa en ti
te inquieta saber si piensa mal
        si piensa bien
o si solamente te piensa
y, tal vez, no sea otro
que tú pensando en ti mismo.

EL CAMINO

He aprendido que se vive para caminar y que escribiendo se conjura el camino.

De todos los caminos, aquel que va hacia uno mismo es el más difícil de ser hallado porque no existe cartografía alguna, la poesía nos ayuda a encontrarlo.

Cuando lo recorremos no interesa tanto lo que perdemos como lo que encontramos y sucede que siempre tropezamos con lo que no buscamos: sueños inquietantes perdidos en la azotea, recuerdos que germinan en melancolías, invisibles afectos y gestos cariñosos, solidaridades inesperadas, amigos que se tornan enemigos y enemigos cuya reciente amistad nos reconforta.

De todos los hallazgos, el más jubiloso es el de los demás, porque al encontrarlos nos hallamos a nosotros mismos.

Y el definitivo se da sin la víspera que previene, cuando descubrimos el amor para el que nacimos.

Nunca sabremos qué tan largo es el camino, pero cada día, sin renunciar a lo que somos, tenemos que avanzar con reverencia y afecto, tomando con humor las derrotas y caminando sin retroceder sobre nuestros pasos.

En las noches, después de la jornada, es necesario ver cuánto hemos navegado y en las madrugadas, antes de embarcar en la nave de los días, es menester recordar que la vida es el camino.

No hay camino sin asombro y son muchos los caminos que acontecen, tantos como las encrucijadas, y corremos el riesgo de elegir la ruta errada, es entonces cuando se hace necesario que el amor nos ilumine.

LOS CAMINANTES

En algunos caminos lo importante son las palabras, que poseen personalidad y poderes espirituales; las palabras nos recuerdan que el mundo fue creado para ser contado, sin embargo hay cosas que solo existen en la memoria de algunos caminantes que imaginan sitios imposibles que creen haber visitado o lugares maravillosos de los que no hablan porque los creen cosechas de sus sueños.

Hay caminantes cuyos pasos son huecos y sus palabras se parecen a esas casas que nunca fueron habitadas. Otros parecen que no se sienten bien en ningún lugar, porque son felices en todos los lugares. Escuché a los que tienen la inveterada costumbre de usar las palabras como máscaras para ocultar sus intenciones. Contemplé a otros que llegaban cargados de oscuridad y desenvainaban sus palabras desde la tumba del alma y comprobé que nadie puede ofenderte si la ofensa no está en ti, y, también, conocí a aquellos que recién han empezado el camino y hablan, tan prosaicos que estremecen, como si hubiesen recorrido muchas vidas. Algunos te emboscan con sus palabras y otros con sus soberbias.

Alrededor de la fraternidad de la palabra, en la que el yo es el de toda la especie humana, deslumbrado por la forma pura de la narración, el reino de la memoria, aprendí a respetar a los que, ante la más fogosa y entretenida conversación, guardan silencio como si fueran rocas inmutables frente a las furiosas olas del diálogo. El silencio es su destino.

Hubo atajos en los que me crucé con soñadores, herederos de una larga nostalgia, que añoraban con regresar adonde nunca estuvieron; presté atención a los que creen que la Historia es Dios y a los que se parecen a Sherezade y cuentan historias como si en ello se les fuera la vida, narran prodigiosamente, transfigurándose en sus propias palabras que hacen las veces de todas las artes; me maravillé con los que llegan iluminándolo todo, como si la Divinidad estuviera en cada una de sus palabras, que son como el resplandor que circunda la luz de sus ojos, esos seres humanos ya estuvieron camino a Damasco, y con ellos comprendí que la poesía es nuestro último Paitití y que, pese a la virtualidad, las palabras siguen y seguirán siendo el signo de los tiempos.

Escuché todas las palabras y me quedé con aquellas que nominan el mundo y sus alrededores, aquellas que cuentan la historia de la humanidad, de los hacedores del día y de la noche, palabras con inesperados significados con los que vamos creando nuevos lugares comunes, su recuerdo es el camino. Cuando me reencuentre con mis hijos, seré hablado con esas palabras y volveré a crear los paisajes, reviviré los lugares que visité, moldearé las esculturas que descubrí, pintaré los colores con los que aluciné y saborearé los platos que disfruté, y si es corto el camino siempre me quedarán milagrosas palabras, antiguas y nuevas, para prolongarlo.

EL MAR

Llegué a lo alto de una montaña y antes de ver la bahía, sentí el mar en mis ojos, un azul amable se abrió en el horizonte, una gaviota extraviada sobrevoló junto a mí y su vuelo me hizo mirar hacia un costado de la playa, en el que yacía la cubierta destrozada de un barco abandonado, un barco que alguna vez fue un bosque, y entonces me sentí como un marinero huérfano.

CONSTELACIONES

Por las noches, cuando mires el corazón del cielo, recuerda que entre los fulgores que ves se mezclan los de las estrellas vivas con los de aquellas que murieron hace millones de años, que sin embargo siguen alumbrando; mira los luceros desde tu piel y bautiza a tus astros preferidos con los nombres amados de los que ya se fueron para siempre, de los desaparecidos y de los caídos por un mundo mejor. Esos luceros serán tus propias constelaciones.

AMIGOS

De los amigos
que perdimos en el camino
solamente hay que recordar
    las buenas historias
las malas se cuentan solas.

TORNAVIAJE

¿Quién es?
No es nadie, solo soy yo

Tal vez me queden muchas preguntas por hacerle a los caminos; pero ya me han respondido las necesarias y ya sé que somos lo que caminamos, así que cuando aparezca un nuevo camino sabré que estoy frente a un espejo y cargaré con tinta azul marina mi antigua plumafuente para contar de los seres de palabras que encuentre en la travesía; yendo y viniendo de la memoria a la escritura seguiré contando historias. He caminado hasta mi alma y ahora sé que mi alma puede soñar con mi cuerpo, y aunque mi cuerpo quede sedentario, mi alma seguirá siendo nómada. He reconocido que la voz interior que me acompaña desde mi niñez, cuando la creía un amigo imaginario, lo hará para siempre y ella me ha enseñado a verbalizar el sustantivo esencia para "esencializar" la palabra. Me he apropiado de mi espacio, he encontrado mis raíces y una renovada melodía oral me despierta por las mañanas, ahora sé que pertenezco a los que me aman. Las palabras fueron el viaje y la poesía el retorno.

De *Quipus* (2014).

LA PRIMERA LETRA/IMAGEN

El alfabeto de los quipus
    empieza con Ayllu.

EL KIPUCAMAYOC

Soga en mano
el kipucamayoc
anuda hechos
enumera rebaños
recuenta cosechas
enlaza tempestades
recuerda a los muertos
da color a los acontecimientos
y une a los ayllus del Inca
que son el corazón
de la Pachamama
en variadas y finas
sogas pacientemente torcidas
con hilos de lana de vicuña.

CIELO Y TIERRA

Para ustedes palabra mayor es Cielo
para nosotros palabra mayor es Tierra
ustedes miran al Cielo
buscando esperanzas
nosotros labramos la Tierra
desentrañando esperanzas
encantados por el Cielo
ustedes no se preocupan
por la continuidad del Universo
el Cielo es solamente
el que está sobre sus cabezas
para nosotros lo es
el que está bajo nuestros pies.

QUIPU BLANCO III

Del Cielo su pueblo
de la Tierra su pueblo
de las profundidades su pueblo.
Tres pueblos
que bailan juntos en la fiesta
uno trae la música
el otro la danza
y el tercero el apthapi
y la chicha para beber
y ofrendar a la Pachamama
para dejar el ajayu en la casa
y ser cuerpo en la fiesta
solamente cuerpo en la fiesta
y dejar la fiesta en el cuerpo.

QUIPU

```
A   L           I
Q   A   N       M
U       O   E   A
Í   P       S   G
A   E   T   I
L   X   Á   N
A   I       A
B   S       D
R   T       A
    A       E
```

QUIPU ROSADO

Volveremos
a la fiesta
donde aguardan
nuestros dioses.

Cantan nuestras mujeres

Ya estamos libando
a la Pachamama
mientras más generosa la ofrenda
más generosa la cosecha.

Cantan nuestras mujeres

En el inicio
de la estación de siembra
bailamos para que las montañas
enamoren a las nubes
y las hagan parir lluvias.

Cantan nuestras mujeres

Nosotros
no nos ocultamos
para bailar y fiestear
nosotros bailamos en público
a Cielo abierto

y sobre un suelo
colmado de ofrendas.

Cantan nuestras mujeres

Thuqt'asiñani kusisiñani
bailemos y alegrémonos
música en el tiempo y el espacio
mística música de zampoñas
primitivo percutir de bombos
marcando el paso
nuestros dioses están danzando
los sentimos en nuestros pies.

Cantan nuestras mujeres

Escúchanos Tata Inti
baña la tierra
                    Hacedor de lluvias.

Quipu morado II

Los blancos
pelean en las guerras
porque creen
que son cosa de hombres
nosotros las peleamos
porque creemos
que son cosa de mujeres
sin ellas las guerras no importarían.

WULIWYA

En el país de la memoria
donde las alpacas
y las vicuñas aún corretean
en el que todavía soy niño
recuerdo que
en un pequeño librero
perdido en la biblioteca
de la solitaria escuelita
del ayllu de Q'ara Qhatu
había un gran Atlas
de mapas un libro
decía el profesor
y una vez al año
para las fiestas de la patria
orgulloso nos mostraba
que entre sus ilustradas hojas
estaba nuestro país Bolivia
nosotros los aymaras
siempre dijimos

                    Wuliwya
yo tardé más de medio siglo
en pronunciar bien
el nombre de la patria
(nunca soñé con ella
porque nunca supe lo que era
y hasta ahora sigo esperando

que alguien me lo cuente)
en ese antiguo Atlas
y en el centro de Sudamérica
recortado por sus límites
con otros cinco países
está nuestro país
en su interior se dibujan
 la cordillera de Los Andes
y sus altas montañas viejos achachilas
el altiplano y el gran lago compartido
la inmensa llanura verde esmeralda
las manchas de los bosques húmedos
y como pequeñas serpientes
sobre el brillante papel
se trazan los fabulosos ríos amazónicos
lejos de sus fronteras está el mar
siempre pintado de color azul
de la esperanza su color diciendo
y más lejos aún estamos nosotros
de los ayllus sus habitantes
tan lejos que no nos vemos en ningún Atlas.

De *La luna entre sábanas* (2016).

EPIFANÍA

Al mirarte
supe que había encontrado
la horma de mi poesía.

REVELACIÓN

Te vi jugando desnuda
en el río de mi vigilia
y sentí celos porque
el río se bañaba en ti,
el agua centelleaba
sobre tu piel tostada;
entraba impetuosa
y se deslizaba satisfecha
por tu cuerpo revelado;
deseo, sueño, tiempo.
En ese instante
dije piel y dije mucho.

AGUA

Te bañas
y el río trae
todos los cuerpos
que se bañaron en sus aguas.
Me baño y siento tu sabor.
Agua, memoria de las pasiones.

POEMA

El poema se escribe
como se hace el amor,
se empieza por la palabra
nacida como un deseo
y luego renuncias a la dignidad.
Dejas al instinto guiar las manos,
al arrebato nublar la razón,
y te complaces en cada estrofa
para que el poema como el sexo,
pase por nuestra piel como el agua por la arena
dejándonos húmedos y satisfechos.

INOCENCIA

Teníamos
quince años
cuando embriagados
por el deseo
hicimos
lo que hicimos;
tus senos
apenas colmaban
mis manos
y tu bosque aún
estaba por poblarse;
al terminar,
apasionados y en evidencia,
ambos deliciosamente agotados,
quedamos con una rosa roja:
La mía un capullo cerrado
que cubría el glande
y la tuya florecida
como una sonrisa vertical
oculta entre tus piernas.

SINÓNIMOS

Los diccionarios
de sinónimos
dicen que penetrar
también es intuir,
atinar, enterarse,
descifrar, conocer
interpretar, adivinar,
comprender, sentir,
percibir, entender
afectar y alcanzar.
Esa primera vez
por fin entendí
lo que significaba
un sinónimo.

En el amor somos piel y en el olvido huesos.

NIDO

El ave que vuela
desde mi cuerpo
anida en el alto monte
de tus muslos dorados.

LA CREACIÓN

Dios dijo apáguese la luz
tu ropa cayó al piso
y el mundo se iluminó.

DESVELAMIENTO

Cae la noche
mientras la sábana blanca
se desliza por tu cuerpo
descubriendo sus misterios.

PREGUNTA

¿Qué sentimiento es este:
Que nos encierra en un cuarto,
despoja nuestros cuerpos de ropajes
y nos arroja en una cama?

MITADES

Desnuda sobre la cama,
con la ventana abierta al mundo
y las cortinas aleteando en la leve oscuridad,
la luz de la Luna divide tu cuerpo en dos:
uno está al lado mío y el otro siempre está en mi memoria.

DEFINICIÓN

El amor no es otra cosa
que hacer la cama en la mañana
sabiendo que en la ceremonia de la noche
      la volveremos a desordenar.

POEMAS DE AMOR

Derrotadas las dictaduras
los poemas de amor
se volvieron peligrosos
porque son los únicos
en los que nos jugamos la vida.
¡La aurora siempre trae promesas!

FÉNIX

Entre mis piernas
duerme el Ave Fénix
basta que le des un beso
para que despierte
y alce vuelo entre tus labios.

Aún recuerdo la noche cuando me hiciste fruta…

Homero Carvalho Oliva

RECONOCIMIENTO

Anoche, en la fiesta,
tus amigas elogiaron tu vestido
dijeron que te veías hermosa
¡Qué saben ellas
si nunca te vieron desnuda!

DE FRUTAS Y SERPIENTES

Soy la serpiente
y tú el árbol del paraíso,
tus piernas son las ramas
para llegar al fruto prohibido.

¿Y si Eva se comió un plátano
en vez de una manzana?
¿Cambiaría eso la historia de la humanidad?

TU RECUERDO

El ámbar de los ríos,
las montañas ondulantes,
el celaje del atardecer,
la ciudad iluminada,
los mangos frutecidos del jardín,
el rocío de los amaneceres,
los claveles florecidos,
mis manos palpando en la oscurana,
el recuerdo de los hijos que vinieron,
los libros de poesía que leí,
el cojín de gobelino,
los lugares que visité,
las comunidades que caminé,
los cielos que sobrevolé,
me recuerdan a ti,
navegando sin nave sobre ti,
dentro de ti, alrededor de ti,
sobre ti
  voy
    estoy
      y contigo
       permaneceré.

POEMA VERTICAL

Anoche
el delta
de tu cuerpo
fue un poema
escrito sobre mis labios

EN MI LENGUA

En la cama
tu nombre siempre está
en la punta de mi lengua.

PLACER

El placer de mi lengua
   no está en las palabras
      que saboreo antes de enamorarte
   ni en el helado de chirimoya
que tanto me gusta
   está en el vértice de tus piernas.

Homero Carvalho Oliva

Soy tuyo amor mío
mío amor tuyo soy
amor tuyo soy mío
tuyo soy mío amor.

Desnudarnos es, paradójicamente, dejarnos vestidos de nuestros más íntimos deseos.

EL AMOR

Tantos años amándonos,
que cuando hablo de ti pienso en mí
y cuando hablo de mí pienso en ti.

En el amor el cuerpo se vuelve plural.

CONCLUSIÓN

El amor, mi amor, surge cuando las palabras nacen del cuerpo.

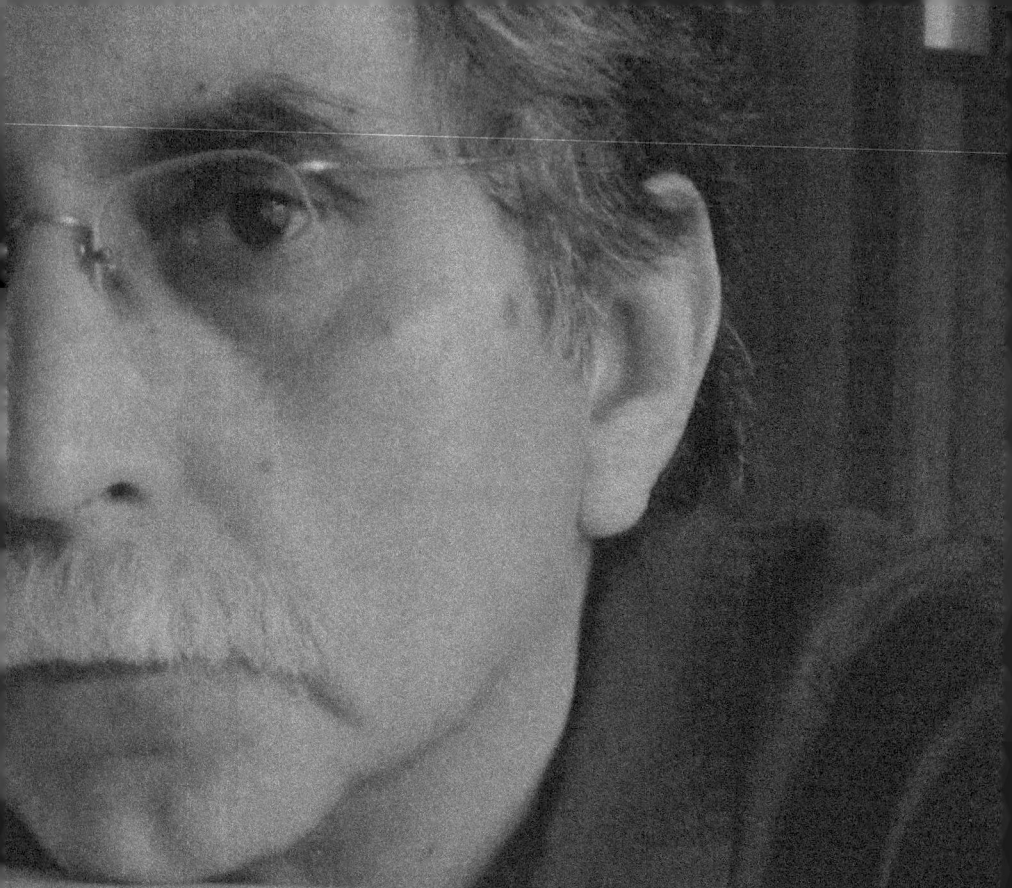

Homero Carvalho Oliva

De *Bautizar la ausencia* (2018).

El recuerdo debe ser poesía, nunca historia;
porque la poesía es otro de los nombres del amor.

HISTORIA DE UN RENACIDO

Nací desahuciado, una mañana del 24 de agosto de 1957, en Santa Ana del Yacuma, un pequeño pueblo amazónico de Bolivia. Antes de que yo naciera, muchos pensaron que mi madre y yo íbamos a morir (la alternativa era salvar a la madre), porque ya habían pasado más de cinco días de la fecha de parto y me resistía a salir al mundo. La vieja partera que la asistía no sabía qué más hacer para inducir el alumbramiento; cuentan que algunos de los familiares y amigos ya "cafeteaban", como si fuera la víspera de un velorio; muchos presagiaban una larga noche genital con un fatal desenlace. Mi padre, no estaba presente porque venía de Cochabamba, en un avión que había contratado expresamente para traer el cuerpo inerte de su madre, mi abuela Raquel, fallecida la noche anterior a mi desesperado nacimiento.

Sobrevivimos los dos y cuando al fin me animé a ver la luz del sol, el desasosiego y la angustia aprisionaron la mirada de mi madre, al ver que su hijo había nacido con el pie derecho como un puño. La pesadilla de toda madre se había hecho realidad y la mañana se disipó en las cenizas del ocaso. Pasaron los días, el mal fue tomando mi pierna y, en el pueblo, en esos años, no existía un médico para curar la enfermedad que amenazaba con matarme. Hasta ese entonces, en el pueblo, no se tenían noticias de algún niño que haya sobrevivido a ese desconocido mal que atrofiaba el cuerpo de sus víctimas. Iba a morir, no había nada que hacer, excepto esperar el infortunado día.

La partera, intentando ayudar, trajo a la casa una chamana movima, quien le aconsejó a mi madre que yo tenía que nacer de nuevo. "¿Nacer de nuevo? ¡Eso es imposible!", exclamó mi madre. La sabia anciana le dijo que muchas cosas parecían imposibles en este mundo, pero que siempre había una posibilidad más allá de la comprensión. Le aseguró que se podía, que tenía que meterme en el cálido vientre de una de las vacas que, a diario, sacrificaban en el matadero municipal. Le recordó el ciclo vida-muerte-vida. "Los animales son seres como nosotros, porque en este mundo y en el otro todos somos uno y uno de ellos nos prestará su cuerpo para que el niño vuelva a nacer y le dará la fuerza para sanar sus huesitos enfermos", afirmó la anciana. Angustiados, más no abatidos, mi madre y mi padre, aceptaron la extraña (por no decir asombrosa) propuesta.

Me metieron en el vientre aún caliente de un pobre animal, me dejaron allí por unos instantes y luego, lenta y cariñosamente, me fueron sacando, como si estuviera naciendo de nuevo. ¿Nací yo o nació otro? ¿Soy el mismo o soy otro?

Cuentan, los que estuvieron allí, que la veterana hechicera me tomó entre sus fuertes brazos y, mientras decía unos conjuros en lengua movima, fue abriendo mi pie con su mano derecha; las articulaciones de mi pie, que estaban rígidas, se habían ablandado por el calor del vientre vacuno y se abrieron ante los incrédulos ojos de mis padres: Terminó de hacerlo, entablilló mi pie y lo envolvió en un cuero fresco de un sapo gigante, que ya traía en su bolso milagroso; al secarse el cuero hizo las veces de un yeso natural. En unas semanas, mi pie, mi pierna y yo mejoramos notablemente.

Años después, cuando mi madre me llevó a la ciudad de la Santísima Trinidad de Moxos, para ver a un médico especialista, supo que se trataba de un caso extremo de poliomielitis acaecido en el vientre materno; para entonces ya la enfermedad había sido espantada; sin embargo, volví a usar yeso, esta vez el genuino, solamente para asegurar que mi pie no me jugara un mal paso. Hoy, tengo un leve defecto en esa pierna y me duele cuando hace frío, quizá para recordarme que algo sobrenatural me salvó de la muerte. Los huesos de mi pierna derecha saben cuándo los vientos gélidos del sur están por llegar.

A veces, extranjero en mi propio cuerpo, tengo sueños en los que ingreso al vientre de un animal y naufrago en su sangre caliente, mientras la recorro, como si fuera Odiseo en su nave, creo escuchar la voz agua de la anciana indígena, como si fuera una sirena, lanzando invocaciones al viento, para que los árboles y el cielo escuchen su ruego; las palabras me suenan familiares y, sin embargo, no puedo recordarlas cuando despierto, es como si el huésped, que soy yo mismo, saliera al día desde su corazón y solamente escuchara el latido de su piel acariciando mis ojos. La veo en mis huesos, ella está allí, en la profunda melancolía de mi dolor primigenio. Esas palabras son un mantra cuando las necesito y acuden a mí en el sueño nocturno.

ÁLBUM DE FAMILIA

Una luna preñada ilumina el álbum,
    sus huéspedes descansan.

A Tierra huele la ausencia
en las grises páginas,
en los retratos color sepia
                hasta la luz es vieja.
El pasado ama el polvo, almas mías.

Las miradas de los huéspedes,
fantasmas de las palabras,
honran nuestro pasado;
en la orilla de mis ojos
la arena se humedece
con el mar de sus recuerdos
y las sirenas buscan un puerto.

Recuerdos propios, escuchados e inventados.
Imaginados tal vez, contados por los familiares.

A mi edad los recuerdos
ya muestran signos de cansancio
y escucho el silencio de mis ancestros.
Silencio acunado en el tiempo.
Aún queda espacio en las hojas,
me adelanto al presagio.

No son muchas las imágenes,
suficientes para creer en el amor,
para sospechar que el eco de sus miradas
        se repite en nuestros hijos.

A contrasombra, una fotografía a colores,
descolorida y carcomida por la humedad,
muestra el busto de mi padre,
que no creía en esos homenajes,
su rostro de cemento fue canonizado
en una pequeña plaza de un barrio
        de la ciudad que amaba.
Coquetas pasan las muchachas
moviendo sus nalgas y él sonríe.
En el ocaso les susurra poemas
a los enamorados que adivinan que fue poeta.
Los niños se preguntan quién es
y los viejos lo saludan por su nombre,
contándole que las estaciones también envejecen.

En noviembre volveré a abrir el álbum
y consagraré sus retratos.

LOS ABUELOS

Los abuelos de mis abuelos
no imaginaron cómo era la patria,
porque la inventaban cada día.

En sus sueños
la patria era el hogar,
el techo que salvar de las lluvias de enero
y el árbol elegido para que se transforme
en la madera de la cama de los hijos.

No importaba si no conocían el país,
porque al despertar había que contar los sueños,
conjurando las pesadillas,
con salmos matinales
y tisanas de paja cedrón,
para que la esperanza
no sea enterrada con el hijo de los vecinos,
que murió de viruela y ningún santo pudo salvarlo.

Los abuelos de mis abuelos
no figuran en los libros de historia,
porque no fueron héroes ni villanos,
aunque muchos de ellos empuñaron la espada
cuando los hechos eran más urgentes que las palabras.

Los abuelos de mis abuelos

no despojaron a nadie de sus tierras,

su conquista fue la del territorio de sus amadas
y fueron guerreros de la alborada
alistando los machetes
para cortar el sol en pedacitos.

Hubo artesanos y costureras
entre los abuelos de mis abuelos
y alguno cantó a orilla de los ríos,
mientras otro escribía poemas.

También hubo ganaderos y herreros
y quién sabe qué otros de mil oficios
porque en el pasado los títulos los daba la vida.

Los abuelos de mis abuelos
fueron portugueses, indígenas y españoles,
                ¿acaso importa?
Importa el amor que nos legaron
y las palabras de este y del otro continente,
con las que narraban el asombro cotidiano.

En mi pueblo, Santa Ana del Yacuma,
la nación de los Movimas,
los nombres de Leónidas y Raquel,
mis abuelos paternos,
son pronunciados por niñas y niños
en las escuelas que ostentan sus nombres
y los de Nemesia y Humberto,

mis abuelos maternos,
son recordados en las cenas familiares.

En los abuelos, raíces mías,
semilla de muchas generaciones,
portadores de mi nostalgia
                está el pueblo ausente.

Ellos, viejos sabios,
les contaban cuentos a sus nietos
en los que aparecían y desaparecían duendes y viuditas,
y sus rostros se transformaban en los monstruos de las
leyendas.
Los abuelos de mis abuelos
creían en las aves agoreras
y en los cotidianos milagros de la Virgen.

Eran buena gente los abuelos de mis abuelos.
Y aunque no son los héroes de ninguna saga histórica,
la patria no habría existido sin los sueños de mis abuelos.

MI MADRE

Cuando mi madre estaba triste, cantaba mientras lavaba ropa, enjuagaba sus lágrimas con los versos de los boleros de Javier Solís y, luego, iba colgando las prendas en los alambres, que eran como bejucos que se desprendían de los árboles del patio. Llegaban los vientos de agosto y, al atardecer, convertían a los vestidos en fantasmas de lo cotidiano, y las camisas y los pantalones se volvían aves peregrinas.

NOMBRE

— ¿Cómo te llamas?
— No lo sé, mis padres me nombraron Homero Antonio

MUERTE Y RESURRECCIÓN

Una noche, cuando era niño,
la muerte me hizo morir de miedo;
al día siguiente mi madre me resucitó
con una suave caricia en la cabeza.

RÍO NOSTÁLGICO

Inolvidable río de mi pueblo,
repentino nace en las pupilas,
gota florecida en los recuerdos,
manantial de imágenes peregrinas,
fluye desde la inocencia redimida.

Así es el río que moja mis pies,
humedeciendo mi piel,
como si las mansas aguas,
de la crepuscular inundación,
nuevamente se sumergieran en mí.

TUVE UN SUEÑO

Estaba sentado sobre las faldas de mi madre, en el patio de nuestra casa en Santa Ana del Yacuma, bajo la sombra de unas palmeras y de unos árboles de sinini y tamarindo; acurrucado en su regazo la miré a los ojos y le pedí que cuando yo fuera grande, me hiciera recuerdo de lo que quería ser de niño. Ella, rodeada de nubes tempraneras, arrancó la espina de un totaí, la mojó en un pequeño charco, tomó una hoja de un árbol, me las entregó sonriendo y me dijo: escribe, hijo mío, escribe.

NEMASIA

A la orilla del recuerdo
de mi Abuela Nemesia,
madre de mi madre,
dos veces mi madre,
imperdonable he olvidado la letra
de la canción que le dedicaba
mi abuelo Humberto,
el herrero que la enamoró,
y que murió de "tanto alegrarse",
dejándola con siete hijos;
la letra sigue siendo suya
y la música es ya mía.
Era una canción de amor
que la madre de Janola, Carmen y Neyde,
de Pilo, Darío, Humberto y Jesús,
cantaba para sus nietos.

Dice mi madre que Nemesia
costuraba vestidos y blusas a pedido,
mientras hervía el arroz con charque
y atendía a sus pequeños hijos.

Guardo su voz descubriendo
el mundo del reino de las aguas,
con ella los tesoros no necesitaban de mapas,
su voz de abuela, allá en Cochabamba,

ciudad donde sus hijos la llevaron
para que no se quedara sola
en Santa Ana del Yacuma,
el pueblo en el que yacen mis bisabuelos.

En el valle vivía en una casa antigua,
de amplio patio y jardín en el centro
(desnudos sus pies, desnuda la tierra),
los duraznos frutecían en vacaciones
y las flores anunciaban a los colibrís.
Los duraznos y las flores
                    guardan el olor de mi abuela.

Mis viajes a Cochabamba
tenían la distancia de sus brazos:
Nemesia reía en los almuerzos familiares
y sus anécdotas eran sabias como sus dedos,
en los senderos de los sueños la encuentro
                    y me acomodo en su regazo,
para que me señale la estrella que perdí,
y me vuelva a decir que la palabra
                    es la verdadera revolución
y que las palabras que callamos
son las que debo revelar en la escritura.
Escribo y ella aparece en el poema.

MEMORIA INCENDIADA

Está mi niñez en este país
de pumas pétreos y serpientes aladas,
de jaguares azules y aves canonizadas,
de bejucos alucinógenos y hojas clarividentes.

Está mi infancia de aguaceros
en un pueblo a orillas de un río
y en las calles en llamas de una ciudad de las alturas.

Está mi niñez en los textos mecanografiados de mi padre
y en las palabras/regazo de mi madre/gramática de la
ternura.

¡Ah mi infancia!
Aún cabalga en un caballito de madera
junto a Emiliano Zapata en el cine México.

Ciudad irreal, infancia real.
Infancia real, ciudad irreal.

Mi juventud está en unos libros perdidos,
y en los adoquines desenterrados contra las dictaduras,
que valían más que todas las palabras inventadas
para nombrar a la revolución y sus caprichos.

Está mi juventud en la subversiva urgencia del amor
y en los cantos que prometían rojas madrugadas
        con su rumor de promesas improvisadas.

En los oscuros zaguanes,
por donde escapa el viento del pasado,
y en los parques sin luna,
            está mi juventud descifrando el deseo.

Detrás de los balcones de las casas coloniales,
entre máscaras, disfraces y botellas vacías
me aguardan palabras confinadas por la realidad;
y entre ellas está mi insomne juventud,
aguardando por mis enfermos huesos,
para develar los motivos del jaguar azul,
el ascenso pluvial del ave del ocaso
y reescribir las profecías hostiles al desengaño.

En el abismo de la ciudad
los verbos diseminan la noche,
los barcos parten sin aviso alguno
y el niño y el joven que fui
resucitan desnudos en la plaza de los héroes.

CONFESIÓN

A los quince años tuve mi primera fantasía sexual: declararle mi amor a una monja en un confesionario. Cada noche moría de celos, pensando que ella estaba con Dios.

SEGUNDO MANDAMIENTO

Así como no debes levantar el nombre de Dios en vano, tampoco debes acariciar un cuerpo en vano.

CREAR UN HOGAR

No es tan sencillo crear un hogar. Cada uno debe traer sus libros junto con sus sombras cotidianas. Las fotos de la familia y los sueños de la tribu. La lista de amistades y las canciones postergadas. Las vergüenzas íntimas y los ángeles redentores. Los fracasos vienen solos y las escasas virtudes aparecerán cuando se las necesite; imprescindibles son los defectos, porque sin ellos no podremos amarnos como se debe.

OCASOS

Los atardeceres seguirán existiendo
mientras haya niñas y niños
dibujando ocasos en papeles robados a sus padres.

PREGUNTAS

¿Dónde estará la niña de la que me enamoré cuando tenía diez años? ¿En qué convento descansará la monja que me hacía pecar de pensamiento y palabra en mi adolescencia? ¿En cuál mudanza perdí los cuadernos de niño, en los que escribía cuentos de aparecidos y poemas para una inexistente novia? ¿A qué muchacha le entregué mi primer poema? ¿Me acordaré algún día del bar dónde olvidé el manuscrito de mi primera novela? ¿En qué lugar del altiplano paceño enterraron a mi amigo, Elías Raphael, el poeta desaparecido en la dictadura de García Meza? ¿Será cierto el recuerdo que tengo de la primera vez que vi a mi Amada? ¿Mi mente lo habrá recreado para hacerlo inolvidable? ¿Es cierto que uno recuerda lo que quiere? ¿Nuestros recuerdos son inventos? ¿Habrá algún prodigio que me haga recordar las palabras olvidadas? ¿Será el amor el remedio para el olvido?

EL MUNDO ESTÁ HECHO DE RETAZOS

El mundo está hecho de retazos. Cada parte contiene la naturaleza del todo. Un jardín es un perro correteando entre la hierba. El océano del cielo una nube con forma de dragón. Una muchacha es una mirada al azar. La lágrima es solamente una gota de la tristeza. Un niño es un zapato descosido. Una película es un beso. El odio el mordisco de una fiera. Un barco es una astilla con la sangre de un marinero. El ocaso es un recuerdo de lo que vendrá. Un río un tronco a la deriva. Las guerras son tumbas y tumbas. La esperanza fue el futuro del ayer. El plato del día es una pizca de pimienta. Un bosque una brisa con aromas. El poema es un fragmento de la poesía. El mar es una mujer vistiendo el sol. Un amor es una vida.

POÉTICA

La literatura es la perfecta metáfora estelar del tiempo, porque encierra el pasado, el presente y el futuro. Es infinita, como si cada libro fuera tan solo la palabra de un libro perpetuo que se escribe sin cesar. Está en eterno movimiento, nominando los mundos interiores, la vida cotidiana y la búsqueda espiritual, y se transforma en acción si el libro es leído y comprendido; entonces se convierte en una onda imperceptible que intenta interpretar el caos. Cuando el orden definitivo suceda al caos, la literatura ya no será necesaria y nosotros, los seres humanos, no tendremos sentido y los mundos, los soles y las galaxias, desaparecerán, no existirá nada y la nada es la negación de la palabra. Ése será el momento, cuando la Divinidad vuelva a despertar y conjugue nuevamente los verbos, para que todo vuelva a existir.

MI MUSA

Hay días en los que mi adorada musa me hace tocar tierra y me manda a comprar pan.

EL PAÍS DE LOS POETAS

"Marcho lleno de un vigor supremo y nuevo,
soy parte de una procesión inacabable"
Walt Whitman

El País de los poetas
es el país de Roque Dalton,
perdido en la montaña
entre el Paraíso y el rio Leteo.
Allí donde el mundo
es una taberna y otros lugares,
donde los muertos rebeldes
están cada día más indóciles
y las palabras definen destinos.

País, nación, patria, estado,
donde el amor no es una búsqueda,
es la celebración de los encuentros;
sin dioses en el cielo ni amos en la tierra,
territorio de Roque Dalton y de los poetas.

Capital no posee el País de los poetas,
ni mezquinos mapas a escala,
las calles se caminan siguiendo
las hojas de Parra, los laberintos de Panero,
las huellas de Pizarnik y de Plath;
allá el horizonte está en todas partes
y las fronteras en ninguna.

Territorio liberado en pleno corazón,
en el que las y los poetas son casas abiertas
y el tiempo es la medida de la amistad.

Brisa fresca susurra cada ocaso,
entre las flores de los jardines y las bibliotecas.

Cuando muere un poeta,
el divino Dante Alighieri lo guía
por los ilustres infiernos
hasta elevarlo a la tierra de sus hijos;
y en la heredad germinal
el poeta nacerá de nuevo,
su voz tendrá el alcance del viento.

Cuando sea grande seré poeta,
como Roque Dalton,
el poeta cuya vida es poesía,
tomaré mi mochila, un libro de Pessoa,
otro de Cerruto y, por si acaso,
alguno de Derek Walcot;
un lápiz y un cuaderno escolar;
muy temprano iré a la montaña,
a trabajar en la siembra de mis hermanos
que habitan el País de los poetas.

Algunos comentarios sobre los poemarios

PARA ABRIR EL PORTÓN DE HOMERO CARVALHO

> *"Las puertas" de Homero son las puertas del alma,*
> *esas que para nuestro placer, no podrá volver a cerrar.*
> *Gigia Talarico*

1. El libro Las puertas (La Paz, 2005) conlleva una dificultad inherente a la creación poética. Homero Carvalho Oliva quiere agotar todas las metáforas de la puerta como el poeta Leopoldo Lugones quiso agotar todas las metáforas de la luna en Lunario sentimental.

2. Homero ha ideado una llave para que esa aparente dificultad poética deje una puerta abierta o una puerta cerrada o una puerta entornada a partir de apreciaciones o percepciones literarias ligadas a la tradición judeocristiana: esa llave es el dogma común a los creyentes.

3. Las puertas de Homero están fabricadas de algo más durable o codiciable que la madera amazónica: la creencia humana en lo alto. Lo que atiende la mirada de Homero es el infinito, el material inefable y dorado que ilumina el marco descriptivo de todo el poemario.

4. La experiencia narrativa de Homero precede a sus momentáneos pasos poéticos. En esa línea, su atención se centra en la puerta por mera comodidad literaria. Es un pretexto para hablar de otras cosas casi descabelladas (así piensa la gente) que generalmente quedarían en la memoria.

5. Pero la finalidad de Homero es contar pequeños mitos de aquella puerta histórica, la que tiene las señales de la conquista y del coloniaje español y, en especial, describir la puerta inmemorial (sagrada) desde la creencia católica heredada de las reducciones jesuíticas.

6. Por ese motivo, la concepción de la puerta –en contraposición metonímica a la ciudad– está cargada de infinito y, al mismo tiempo, es historia. Las puertas es un libro que se abre a lo alto y que no teme hablar de las cosas del cielo.

7. Las puertas es un libro atávico en la literatura poética última escrita en Santa Cruz de la Sierra, porque reflexiona sobre la creencia religiosa que está desplazada y hasta vetada, para no ir tan lejos, en el poemario Andamios (2004) de Gustavo Cárdenas.

8. Ese fin le ha permitido a Homero Carvalho forjar no sólo agradables encuentros verbales, sino obrar media docena de exactos poemas. Todos ellos para dejar en claro que la poesía es algo más que una construcción de palabras.

JUAN CARLOS RAMIRO QUIROGA
Poeta

ACERCA DE *INVENTARIO NOCTURNO*, POEMARIO DE HOMERO CARVALHO OLIVA, PREMIO NACIONAL DE POESÍA.

Si existe un canto puro al amor sublime y profundo que involucra a todos los sentidos, quizás sea posible encontrarlo en Yamila, una breve novela del escritor ruso Chinguiz Aitmátov, cuya trama, para el caso, no interesa tanto como por la poética que se halla en cada página de la corta narrativa, puesta de manifiesto a través de un perfume especial que se destila gota a gota como si en cada una de ella hubiera un llamado especial de esperanza, de cita con la armonía, con la belleza y hasta con la más fina concepción de la emotividad.

Eso es lo que he podido hallar en tu libro Inventario nocturno, de arrebato delicado y hasta soñador que segrega cada página, cada poema, cada inspiración, que cala hondo en todo aquello que conforma las partes de toda unidad llamada vida, y a veces muerte, soñadas ambas, y enlazadas como un juego de verdades inseparables y por tanto indivisibles.

Y si se habla con anterioridad del goteo fino y pertinaz de espera y esperanza, de sosiego y armonía, de ardor y belleza, esto no encuentra mayor eco que una indescifrable -o tal vez no- nostalgia que mira atrás, pero cosa rara, es capaz de atrapar con sus manos incorpóreas, invisibles, un horizonte cierto, como si en tu intimidad hubieras soñado con absoluta naturalidad y realismo mágico todo lo por venir en tu habitual ciudad y en las remotas selvas que te acompañan, o en aquellas por descubrir, o en los mezclados cielos, como si la esencia de tu naturaleza urbana y de aquella otra, la bella espesura, permanecieran unidas permanentemente en el transcurso de tu existencia.

Leer cada uno de tus poemas, engendrados por alma pura, Homero, despierta sensaciones tan diversas y vívidas, que si uno de pronto desapareciera en el momento de la lectura es porque se ha sumergido de lleno en cada vivencia, en toda tu filosofía poética que por supuesto da para pensar, y más, para reflexionar en lo que es y en lo que no, en la metáfora y en la materialidad expuesta con el mayor vigor y la más acabada espontaneidad.

En cada página comparecen los sentimientos más puros, así como cuando, en dúctil ilación de palabras le rindes un perfecto homenaje a tu padre; o cuando tu abuela Raquel, aun sin haberla conocido te da un pellizco para decirte aquí estuve y aquí estoy, y descubres entonces que al momento de tu adiós no será para ti empresa ardua encontrarla en la "noche virgen", en aquella de la confluencia de los riachuelos de igual sangre; o cuando fotografías tus primera comunión en blanco y negro porque, claro, los años han pasado, pero las nostalgias brillan cromáticas, como los colores del firmamento que siempre te alumbran. No hay vestigios de siglo XX o XXI, sólo existe lo que ha existido eternamente: el rocío tocado, aspirar el jazmín, encontrar la explicación a la humedad de la lluvia, saborear la manzana; y en medio de todo eso tienes la sabiduría de alertar que con la palabra Amada hay que conjugar todos esos verbos, contrapuestos a las realidades mundanas de fantasmas jubilados que ya no espantan en las noches de tormenta.

Todo es un ir y venir de vidas, muertes, motivos, consecuencias, primaveras de familia, pero también de espejos anónimos que no encuentran más que miradas en el suelo. Y el amor de la amada y por la amada está ahí, y la tierra que los tomó de la mano, pero en abrupto encuentro con lo que es, se halla también la puerta del manicomio que da al más allá y converge en un susurro que anhela el descanso en paz. Y la niñez convertida en un juego, en una poética esdrújula que contempla todo ser y toda parodia de la vida misma, no es más que preguntas y más preguntas que ansían libertad y cavilaciones de poeta, por más que encuentres demonios y dioses a medio hacer.

En fin, la patria es como la soledad que habita todos los idiomas, y tú eres políglota a pesar de aquella palabra que muchas veces duele y arrincona por la angustiosa pobreza de calle que subsiste en un orbe llamado civilización, donde los emigrantes de cada noche son como judíos errantes sin destino ni equipaje. Como si en la penumbra de un bar cualquiera un artista desconocido canta un viejo blues acompañado de una armónica, de la cual salen sonidos que han traicionado a la muerte por llevarla a cuestas en vida.

PABLO MENDIETA PAZ
Poeta y cantante

SOMOS CAMINO, SOMOS LO CAMINADO: PEQUEÑA TRAVESÍA POR EL LIBRO *DIARIO DE LOS CAMINOS.*

Para alguien como yo que eligió el tema de los viajes para construir su discurso de ingreso a la Academia Boliviana de la Lengua, la lectura de Diario de los caminos, de Homero Carvalho Oliva, fue una dádiva maravillosa, porque me poblaba de infinitos caminos que yo no recorrí.

Escribir un prólogo sobre este libro, tarea brava. Y Homero Carvalho me lo ha pedido. Porque ingresar a Diario de los caminos, es como verse de pronto al medio de una polifonía mayúscula donde hablan los caminos. Cada poema, cada prosa poética, resuena musicalmente como si fuesen interpretados por distintos instrumentos, que de pronto ascienden al cielo del amor, bajan a lo profundo de la congoja, lloran, convocan a los otros instrumentos, para el viaje espectacular: en los caminos del alma y por los caminos de la tierra. Es el poder de las palabras que suenan como una orquesta excelsa, conmovedora –íntima e universal al mismo tiempo– siempre empujada por la flecha de los caminos. Epifanía que golpea el alma.

No encuentro la brújula para ingresar a los caminos de este libro donde Antonio Machado, Borges, Rilke, León Felipe, Paul Valery y otros poetas acompañan a Homero Carvalho. Es un libro que ha crecido de una manera extraña, por los caminos recorridos años de años, desde la niñez pensativa hasta la vuelta a la sagrada morada de los hijos y la compañera. Es un libro que ha crecido en los lugares reales, donde el poeta ha tomado la lección de los colores, de las voces, de las cosas, del cielo, el mar, la tierra y donde ha luchado, sufrido, amado, aprendido, meditado.

Es un filósofo profundo el que escribe y habla de lo esencial y lo esencial está vinculado con los caminos. Somos camino, somos lo caminado. Y el poeta devela los caminos, los extrae del recuerdo con las palabras, una a una, hasta formar este libro.

Diario de los Caminos es una afortunada elección de centenares de palabras que están unidas al eje mayor: el viaje. Palabras que se reparten, como un poliedro infinito, por los más variados espacios visitados: el agua, el origen, la madre, los otros poetas, el padre, los Reinos Dorados, el hombre citadino, el primitivo, la piedra, el cosmos, la noche, la luz, los artistas, los pueblos, los cafés. Al nombrarlas, las minimizo. Son apenas palabras. Al leer el texto de Homero, ellas, cobran la naturaleza de una eufonía.

La intención de seleccionar poemas, párrafos, para tentar a los futuros lectores del Diario de los Caminos —como lo hacemos siempre los analistas que lanzamos libros a los otros— me muestra otra vez, la tarea brava a la que me he metido. Es muy difícil. La mayoría, son textos redondos, completos, de alta belleza. Sería mutilarlos. Así que prefiero copiar algunos:

Epifanía

Mi alma, que ya estaba despierta antes de mi primer llanto, me aconsejó que no partiera cargado de zozobra, que meditara y que me asegurara de llevar el equipaje necesario, que dejara espacio para la poesía que por los caminos se iría revelando, y que no olvidara las buenas palabras del sabio Jamioy, poeta de la nación Kamsá del valle de Sibundoy, en el Putumayo colombiano, quien aconseja que en el camino "debes tener los pies en la cabeza para que tus pasos nunca sean ciegos.

Otro que nos acerca a la figura mítica del alma de Homero Carvalho, Antonio Carvalho:

Mi padre

Mi padre abrió la brecha
y sus palabras empedraron el camino.

Cuando su ausencia ensombrece mis versos
evoco su nombre como si fuera un encantamiento
un salmo mágico para alejar a la tristeza.

Mi padre es el camino y yo soy el caminante.

Y finalmente, un tercer texto, breve, denso:

Los caminos y los libros

Los caminos, como los libros, deben ser encontrados primero para luego dejar que ellos nos encuentren a nosotros y ser andados sin prisa, hoja por hoja, paso a paso, descifrando y poseyendo cada palabra sin apurar el final.

Y cuánta frase alta, conmovedora, inserta a cada paso el poeta. Veamos algunas:

Mis hijos, que vi crecer fuera de mí, en la distancia crecerán en mi interior y serán las raíces de la casa que la Amada construyó en mi alma.

Otra que sobre Antonio Carvalho, el padre elemental, que está de pronto con el poeta anunciando su destino:

… conjugará los verbos para que todo vuelva a existir, susurró Antonio, mi padre, que vive en mi cielo interior, y su voz se fue apagando…

Y finalmente, un párrafo exquisito:

He aprendido que se vive para caminar y que escribiendo se conjura el camino.
De todos los caminos, aquel que va hacia uno mismo es el más difícil de ser hallado porque no existe cartografía alguna, la poesía nos ayuda a encontrarlo.

Y así, yo, estoy repitiendo al poeta. Me siento puente, soy otra caminante que invita a pisar con emoción y respeto los caminos del poeta. Tal vez, por haber viajado tanto y haber elegido gastar muchos días de mi vida pisando los caminos laberínticos de mi propia geografía, tal vez por eso leo a Homero, como a un par, a un alma gemela. Pero, encuentro que él tomó de los caminos, la sabiduría y la humildad que tal vez no tomé yo.

Los viajes han transformado a los pueblos, a las culturas, a las personas. Las travesías son lámparas iluminadoras que nos transforman en seres habitados por los caminos. Por eso, este libro, es un camino hacia el alma, hacia la posesión y descubrimiento de uno mismo.

En esta travesía recomendamos textos intensos como: "Ciudades reveladas", "Santa Cruz de la Sierra", "Los tres cielos", "El ave Fénix", "Takesi", "Autobiografía". Leer estos textos es ingresar por la puerta ancha de la poética de Homero Carvalho. Como también es un reencuentro con el primer libro Seres de palabras, con los otros libros que están en medio del camino –templos personales del autor– **Memoria de los Espejos, La ciudad de los Inmortales, Los Reinos Dorados**. Los reconocemos en este libro. Es una ida y vuelta a sus antiguas palabras, como para certificar que cada libro que se escribe es una parte del gran libro personal.

Hay una muchacha, Carmen, que inició al viajero por la aventura de la vida. Y que condenó al Ulises de los "Reinos Dorados" a volver a la patria de sus senos. Ella pasea triunfadora en expresiones como:

> *Para Carmen Sandoval*
> *Nadie conoce los caminos*
> *si no ha recorrido los del amor.*
> *Y me siento más tuyo y te siento más mía*
> *cuando cuento de nuestro amor en los caminos.*

Y en otra estrofa:

> *una muchacha*
> *que nos eligió para acompañarnos en el camino*
> *una muchacha sobre cuya órbita aún giramos*

... Porque el amor, camina con uno por los oscuros abismos y las pequeñas sendas y porque sin lo esencial, sin la partida y el regreso, no hay escritura.

El poliedro del que nacieron todos los caminos y al que vuelve el poeta, sereno, sabio, está concluido. Así nos dice al final:

El que cree que ha llegado el tiempo de habitarse a sí mismo
para mirarse de frente y reconocer sus bigotes blancos
su cabellera cana y sus patas de gallo
como cicatrices de una guerra
que ha dejado sus huellas en los más íntimos caminos.

Así los vemos ahora, de regreso de la travesía, con los bigotes blancos y con un nuevo libro.

GABY VALLEJO CANEDO

Anundando palabras

¿Quién desató los nudos de Homero? Fue alguien que con mucho cuidado y paciencia le contó sobre los chinus también. Como resultado, Homero comenzó a anudar los chinus en su memoria, para contarlos hoy en este texto que el lector(a) tiene en sus manos como un quipu blanco de ideas anudadas, palabras anudadas y axayus atrapados, todo en este memorial de un quipu blanco escrito.

Al mismo tiempo, Homero, nos habla de otros tipos de quipu muy distintos: cómo en un quipu negro se dilatan las tenebrosidades del pasado con sus historias mucho más oscuras. Nos llevan a imaginar el intenso color del sufrimiento y la fuerza de nuestros antepasados, quienes manejaban historias anudadas en sus sogas de distintos colores: rojo para los guerreros, para ch'allar con la sangre, el amarillo para la riqueza, el blanco para los ritos sagrados; otros nudos distintos, desde el amanecer y el atardecer… Nos deja entender cómo, desde el nudo de los quipus, nace el ser humano, y desde allí, de la persona a la comunidad, de la comunidad a un pueblo y de ese pueblo a una nación.

En todo ello, el quipucamayoc, que cuenta los nudos en su poder, transfiere la información de una persona a otra persona, de una comunidad a un pueblo. Maneja la fuerza y el sentimiento; en sus nudos tiene el poder de unir a todos los pensamientos. Por tanto, procede así, de la imagen a un nudo, de un nudo a un ayllu, y de ahí a todo su entorno.

Este es un trabajo que retrocede al pasado, que va desde la comodidad de la ciudad actual a sus barrios, y de sus barrios a sus familias, donde los nudos por fin se desatan, con recuerdos del pasado y en esta memoria, Homero nos lo cuenta con mucha paciencia. Nos habla de los nudos de aquel momento, cuando Homero habló con Filomeno Thola Sisa, quien narra con mucho detalle de los chinus o nudos de los quipus. Luego Homero tomó estos nudos de hilo para convertirlos en los nudos de la poesía, algo no visto antes en Bolivia, algo único en nuestros tiempos.

Nos ayuda a unir el pasado con el presente y el futuro. Con estos sueños anudados nos hace retroceder al pasado, y del nudo de las tierras remotas, nos hace pasar a los humanos y de los humanos, a aquellos anudados a la tierra por el espacio y el tiempo. La cuerda no te suelta, ya sea de lo lejos a lo más cercano, de la memoria a los recuerdos, donde nadie puede olvidar las palabras de los nudos… de los nudos a la imagen, de la imagen al aliento. De los colores te hacen recordar a las fiestas, con sus cantos y bailes, donde la voz del viento te trae noticias de la llegada y la partida que anuncia siempre el ichhu. Nos hace reanudar los alientos del campo, las wak´as sagradas que no desatan sus nudos para que los sueños siempre nos cuenten. Nos hace tocar dentro de tus pensamientos y sentimientos estas experiencias anudadas para siempre. Vuelves a hablar en las fiestas y el baile. Los hilos sueltos de la vida empiezan a anudarse. Ves los miles de colores que se festejan en el altiplano, esperando el nuevo anudado de los dioses andinos, con los alientos que nos pasan don Filomeno y Homero.

Homero Carvalho anuda las palabras, con teclas frente a una pantalla, nudos y nudos en un papel.

ELVIRA ESPEJO
Poeta aymara

HOMERO Y SUS QUIPUS

CONOZCO TU LEYENDA —me dice el editor de 3600, la editorial que ha publicado *Bolivia*, la antología de textos sobre el país que ha preparado Homero Carvalho en el que me ha incluido «Una atracción engañosa» un texto sobre Potosí.

—¿Cuál —le replico—, la buena o la mala?

Risas.

Homero bienhumorado como siempre, generoso, entusiasta con la obra y los trabajos ajenos, dando, ofreciendo. Se ha convertido en un eficaz embajador de la poesía boliviana, siempre de un lado a otro, fuera del país, y dentro, en rincones que autores demasiado pagados de sí mismos, desdeñan: escuelitas, centros culturales de pueblos y ciudades pequeñas... un público de gente que de ordinario no cuenta para nada y existe, y lee y escribe y crea.

A Homero le conocí hace unos años en Santa Cruz, al hilo de una feria de libros, y escribí algo sobre una novela suya que me había gustado: *La maquinaria de los secretos*. Ya entonces me pareció alguien de fiar que creía mucho en lo que hacía, pero muy atento a lo que hacían los demás.

Hemos cenado en el Rincón Español, un restaurante que de español solo tiene el olor a rancio, donde conspiraba o desde donde gobernaba, a golpe de plato de callos a la madrileña, el millonario Sánchez de Lozada, dicen, insisto, porque aquí entre lo que dicen y es o fue hay una distancia de verdad literaria. Las andanzas de Ciro Bayo sobre la mesa y otras andanzas, menos antiguas. Bolivia no podía estar libre de tener su rosca literaria (y roscas de todas clases). Me engañaba porque no la veía más que de lejos. Los escritores de una ciudad y otra están enfrentados, y se muestran poco aprecio: los de La Paz, los de Santa Cruz, los de Cochabamba, alrededor de sus universidades y periódicos. Homero Carvalho parece planear sobre esas miserias y Ramón está, de siempre, a otras.

TOTAL QUE ENTRE UNA COSA Y OTRA se me ha echado encima la noche. Homero me ha regalado su último libro de poesía, *Quipus*, y cuando me he quedado solo, desvelado, después de escribir la nota anterior, lo he abierto y leído despacio, atrás y adelante, y he terminado emocionado, tal vez por la noche, muy fría, por el acullico, por la conversación con los amigos, pero sobre todo por los versos o por lo que estos me han removido. Si el poema no te conmueve, esto es, si no te (re)mueve, es como si leyeras letra muerta o, peor aún, como si estuvieras muerto, pero en vida.

Quipus, nudos, cuerdas, memoria, identidad, reconocimiento del propio mundo, el más genuino... Qué es un *quipu* y para qué sirve o servía, lo explica muy bien Homero con sus versos, trasladando a estos lo que fue un sistema mnemotécnico andino hecho a base de cordeles de varios colores y de nudos, que lo mismo servía para llevar contabilidades que, según otras fuentes, para conservar el relato de lo vivido, de lo padecido, de lo soñado, de lo que se fue y se es. Cada color un territorio y un significado: morado, negro, beige, blanco, rosado... el tiempo, el viento, la guerra, el poder, la muerte

Copio uno de los epígrafes del libro, sacado de la *Nueva corónica y buen gobierno,* de Felipe Guamán Poma de Ayala: «Los escribanos asentaban todo en el quipu con tanta habilidad que las anotaciones resultaban en los cordeles como si se hubiera escrito con letras».

Más que citar versos, copiaría el libro entero.

Quipu morado

Taki Onqöy
Nunca hubo sumisión
les hicimos creer
que creíamos en su dios
y en sus santas y santos

El poema, ¿dónde está el poema? Como un fantasma, aparece cuando menos se le espera, pende de un hilo, como un quipu, nudo y recordatorio de vida, mensaje. El poema como una tela de araña en las ramas, entre las hierbas, al amanecer brillante, luego desaparecida, el poema era esa tela y las gotas de rocío en ella atrapado: montañas, ayllus, almas (ajayus), vientos, coca y ayahuasca, muerte y vida, hielos, alpacas, papas y cerros nevados... «el altiplano era un aguayo de infinitos colores».

Ahora, en la noche, las luces incontables «de la ciudad oscura» que suben al Alto, donde fue martirizado y descuartizado por los españoles Tupac Katari para escarmiento de rebeldes: «me matan a mí, pero no saben cuántos vienen... y dicen, los que estuvieron, que un viento hereje poseyó a La Paz y desde entonces esta ciudad no tiene calma».

Leo y releo, y advierto que Homero es un poeta que no se hace moderno ni urbano, sino que busca su animal interior, ese que está en contacto con nuestro *ajayu* y busca sus raíces originarias, de mirada y de lenguaje, en la tradición de pueblos que están ahí, en una mutua pertenencia, Moxos originario el suyo —el de su libro Los Reinos Dorados—, altiplano y La Paz helada de su juventud, donde le aparece el guía de los quipus, don Filomeno, sabio, con sus nudos en la mano como mejor regalo: un nudo de cabellos como una constelación y un testimonio de amor sin edad.

MIGUEL SÁNCHEZ-OSTIZ
Premio Herralde de novela – España

LA LUNA ENTRE LAS SÁBANAS

No es lo mismo un poema de amor que uno erótico. Pero cuando se juntan las ganas, las del amor con la fuerza erótica, aparecen poemas que van más allá de poemas de amor y de poemas eróticos. Aparece la poesía.

Para algunos podría parecer fácil escribir un poema de amor. Es más, quien esto traza no cree mucho en eso: los poemas de amor no existen. Existen los amores poéticos, pero un poema de amor se niega a ser escrito porque el amor es tan delicado que va más allá de escribirlo. Por lo que empeñarse en eso es caer en la cursilería, lo que para muchos no es grave, aunque ésta, la cursilería, es enemiga de lo erótico. No del amor.

Otros dirán que se trata de un sentimiento sagrado, de recurrir a todos los mecanismos teológicos, hormonales o cognitivos para alcanzar la cima del amor. Es decir, el cuerpo se prepara y le da paso al deseo, que es parte de este asunto que estamos tratando, porque no puede haber erotismo si no hay deseo. Y el amor, tan discreto a veces, se cuela y se hace fórmula imperfecta para revelarnos que sin él es imposible seguir llenando la tierra de personas, felices e infelices. Más las últimas, porque el amor también le da cuerpo a la infelicidad. No se puede obviar el deseo, sobre el que tanto se ha escrito. El deseo es la fuerza impulsora del erotismo y la sustancia que sostiene un amor duradero. El deseo también es cuña del poema.

Tanta teorización errada, de mi parte, como todo descreído de los poemas de amor, me permite escoger algunos textos de Homero Carvalho Oliva, con los que me identifico, no porque sean poemas de amor sino porque son buenos poemas. Son versos en los que el autor hace del amor un espacio que le permite hacer el amor con las palabras.

2.- "La luna entre las sábanas", publicado por el Grupo Editorial Kipus, Cochabamba, Bolivia, 2015, alberga en su seno poemas o textos, versos y amparos, que descubren en este lector la parte poética de los "poemas de amor". Es decir, la parte creativa, recreativa, deseosa, erótica y gozosa de la poesía. Porque leer unos poemas como estos despejan el alma y hace que el cuerpo se aligere y forme parte de dos cuerpos que se juntan para hacer lo que hacen cuando se juntan. Es decir, penetrarse, tenerse, conquistar uno o dos orgasmos y llegar a decir:

> …*y sentí celos porque*
> *el río se bañaba en ti*
>
> *En ese instante*
> *dije piel y dije mucho…*

O despojarse de todo y tantear en la orilla mientras se asoma Heráclito de Éfeso, fisgón:

> *Te bañas*
> *y el río trae*
> *todos los cuerpos*
> *que se bañaron en sus aguas,*

Y aunque el viejo presocrático afirmaba que no nos bañamos en el mismo río, este cuerpo de mujer, convertido en varios, destaca el carácter plural del deseo, de querer estar en el río junto a ese cuerpo que se hace muchos.

3.- Una poética surge de improvisto. El texto se imbrica en la piel, en las hormonas. El símil aborda el cuerpo que será tomado. O los cuerpos que serán tomados como préstamo para elaborar las imágenes.

El poema se escribe
como se hace el amor,
se empieza por la palabra
nacida como deseo
y luego renuncias a la dignidad…

Sobre el lecho, bajo las sábanas, la sintaxis de los fluidos. Cuerpos que se hacen líquidos, jadeos, impertinencia en el pensar. Y a través de la ventana, la luz de la luna. Para muchos que se aproximan a los textos donde el tema es el amor la luna es un símbolo, una señal, un imán. Pero también el autor se basa en cada expresión que suscite un acercamiento al deseo, al hecho de tomar los glúteos, los senos, el vientre, los pliegues por donde se desliza el delirio. Hacer el amor, tirar, fornicar, follar, pero igual los "Sinónimos" que el poeta logra encontrar para escribir un poema:

Los diccionarios
de sinónimos
dicen que penetrar
también es intuir,
atina, enterarse,
descifrar, conocer,
interpretar, adivinar,
comprender,
sentir,
percibir,
entender,
afectar y
alcanzar.

Era primera vez
por fin entendí
lo que significaba
un sinónimo.

Y tanto lo entendió que: "En el amor somos piel y en el olvido huesos".

4.- El comienzo del mundo, desde la perspectiva bíblica, fue una vertiente de la sombra, porque una llama misteriosa develó la mirada de Dios. El amor, el que es cuerpo atado al espíritu, encuentra su fuerza en el instante en que dos rostros se miran.

Un génesis, un principio, un instante hecho de carne y leche: "Dios dijo apáguese la luz/ tu ropa cayó al piso/ y el mundo se iluminó".

El cuerpo como fosforescencia, el sexo, la forma del deseo: la nomenclatura del amor, que tanto aspiran a diseñar poetas y soñadores.

Pero para que el deseo no pierda su encanto es necesario que haya un espacio, una topografía en la que esos cuerpos devotos se acomoden, se estiren, se enrollen, se muevan, vivan y mueran, respiren y se ahoguen.

En "Encamados" se resuelve el mundo íntimo:

En los poemas de eróticos el único lugar común es la cama, territorio
liberado en el que desembarcan nuestros cuerpos
con todos sus recuerdos; un espacio de provocaciones y
de posesiones donde podemos leer entre pliegues, para
que cada palabra aparecida en la piel, al tacto de nuestras
manos, sea una revelación.

Un descubrimiento. Sí, el poema es el mismo deseo como cuerpo vital.

El autor, luego del "territorio liberado", vira la mirada hacia la realidad pública. La política como distorsión en la que se corre el riego de no ser más. De perder el cuerpo y las palabras.

En "Poemas de amor" Homero Carvalho escribe:

> *Derrotadas las dictaduras*
> *los poemas de amor*
> *se volvieron peligrosos*
> *porque son los únicos*
> *en los que nos jugamos la vida.*
> *¡La aurora siempre trae poema!*

Es decir, el amor se democratiza, elabora una constitución para que la libertad erotice los días, las horas, y se haga posible el milagro de ser más que cuerpo: "Aún recuerdo la noche cuando me hiciste fruta".

Los poemas de amor son más eso: son poemas. El amor es otro asunto, un argumento que suscita el deseo, que recrea un cuerpo, por lo que "Menos mal que nuestras manos no hablan".

Y así, en medio de los jadeos, de todos los sentidos ocupados, precisar que "En el amor el cuerpo se vuelve plural".

ALBERTO HERNÁNDEZ
Poeta y escritor venezolano

BAUTIZAR LA AUSENCIA

Escribir sobre Homero Carvalho es tarea de cuidado. Cuando lo conocí en 1985 ya tenía publicaciones importantes y trabajaba sin pausa con las palabras. Desde aquel año sé que ha marcado su camino en continuo ascenso. Esa trayectoria lo ha elevado a posiciones de prestigio y reconocimiento entre lectores de Bolivia y el exterior. Entonces, lo pertinente sería una aproximación a su escritura en "Bautizar la ausencia", poemario que tuve la oportunidad de apreciar.

Construir un mundo poético en un libro no está al alcance de la mayoría de los escritores, sin embargo Homero Carvalho lo ha conseguido con trabajo arduo y constante de toda una vida. Esta vez ha reunido poemas en verso y prosa, y ha añadido algunos poemas de sus libros *Diario de los caminos e Inventario nocturno*, para completar su estructura y dar significado a la ausencia.

Con un álbum de fotos familiar en las manos dirige la mirada retrospectiva al camino recorrido por sus ancestros, una mirada que refresca afectos y sentimientos. Esos pilares sostienen y protegen a los suyos o los encaminan hacia las estrellas en el viaje de la vida. ¿Cómo escribir sobre hilos de sangre y sentimientos que tejen las relaciones familiares? Homero Carvalho responde "El recuerdo debe ser poesía, nunca historia; porque la poesía es otro de los nombres del amor". Entonces se impone la tarea de escribir sobre sus antepasados, porque "son ellos los que sostienen el mundo". Francisco Antonio y Delfina, abuelos de sus abuelos "inventaron la patria cada día". Leónidas y Raquel, Nemesia y Humberto; sus abuelos, fueron "guerreros de la alborada" e hicieron "la patria con sus sueños" de amor en Santa Ana del Yacuma. Su padre Antonio y su madre Janola germinaron la simiente de "árboles poblados de quimeras". Ese es el legado del que Homero se siente orgulloso. Se sabe responsable de tejer conexiones entre sus hermanos, su amada y sus hijos. Escribe para ellos y para los que vendrán, aunque el álbum, en un futuro cercano, cambie de formato y radique en la nube.

El poema a su padre tiene el código de apertura a los más hondos sentimientos de amor emitidos en versos. Su padre es su héroe, el gigante de la Amazonía, el referente inmediato en su vida, la energía que mueve las fibras sensibles del escritor y lo conduce a renacer la ausencia en palabras.

Ese amor fraterno se convierte en devoción cuando se refiere a su madre, tiene relación con el origen de la vida, la lluvia, el vientre que germina y el gran respeto que todos deben profesar al ser que los trajo al mundo. Materializa en palabras elementos de su amor cosmogónico y universal que convergen en el punto neurálgico del libro. Así consigue que los poemas de su árbol genealógico, los del espacio de sus vivencias, Santa Ana del Yacuma, junto al río de "imágenes peregrinas", vertebren la estructura emocional de Bautizar la ausencia.

> *Inolvidable río de mi pueblo,*
> *repentino nace en las pupilas,*
> *gota florecida en los recuerdos,…*

> (De *Río nostálgico*)

¿Cuál es el límite entre la ficción y la realidad en los libros? Homero nos desafía a viajar entre sueños y realidades para identificar el color y melodía de sus palabras y ver, en el espejo de sus vivencias, su magia poética. Encontramos pinturas de la infancia, aquella ingenuidad de los niños en la primera comunión o la predisposición por dar sentido a pasajes oníricos.

La niñez soñadora discurre entre mitos y leyendas de la región, en cambio su juventud tiene relación con los libros, la iniciación política, y la decodificación del deseo en las sombras expectantes de la noche, justo cuando el espacio de sus andanzas se hace urbano.

> *Tan lejos está mi pueblo*
> *que se ha convertido*
> *en un lugar de fantasmas jubilados...*
>
> (De *Fantasmas jubilados. Inventario nocturno*)

Es la época de las fantasías sexuales ingenuas, época de la virilidad que deriva en la identificación con los héroes y la "necesidad de amar y ser amado". El narrador y poeta revela que "la revolución también es una muchacha" y cómo conoció el amor, "como si la revolución dependiera de ello". En este punto explosivo de recuerdos y realidades, el poeta, enamorado de las palabras, florece en su libro y conjuga verbos de acción y pasión para una teoría del amor en "Palabras" dedicadas a su amada.

Entonces crea un hogar y vienen los hijos, a quienes les habla de lo esencial; "La patria no es otra cosa/ que alguien a quien amar/ una ciudad elegida para vivirla... y los abrazos de sus padres". Su casa con puertas de tajibo se transforma en el núcleo de su vida, donde recibe a los hijos que le regaló el cielo "Alcé mis manos vacías y la vida depositó su ofrenda en ellas". La ternura fluye como agua de un río cristalino y dedica un haiku a su primer retoño: "Nació Brisa/ pequeña y hermosa/ flor de verano".

El tiempo continúa su viaje imparable, la niña que jugaba con su hada madrina crece "Y el hada se fue despacito/ para no despertar a mi hija". Su hijo Luis Antonio, a quien en pequeño disipaba temores, hoy es "seductor de lunas" y abre los caminos que avanzan. Su hija Carmen Lucía conocía desde niña el manantial de amor que nace en el corazón de su padre y que riega la casa. Ese espacio con jardines y plantas que reflejan su cosmovisión: "Por las noches abrimos el infinito/ dejando que nuestro hogar nos habite". Los sueños transmutan otra dimensión, los secretos perdidos en el abismo, atardeceres y muchas preguntas sobre episodios de su vida que poco a poco se transfiguran y borran. ¿Será el amor el remedio para el olvido? Es la pregunta retórica de respuesta abierta aunque evidente en los matices del amor que asciende desde yo y tú para convertirse en Nosotros, pronombre de amalgama y trasmutación en sus poemas Palabras y Juegos nocturnos.

El poeta trasciende el tiempo, a pesar de la vejez que desgasta el cuerpo, va más allá de lo material, incluso de las palabras. En su constante retorno al pasado, busca al niño de antes en las calles o juega como niño a ser mayor y le asalta el fantasma del olvido, pero sabe, que lo único que trasciende todas las dimensiones es el hogar, "lo demás son sueños y pesadillas".

Homero se da una pausa para hacer un balance en Inventario nocturno y comienza a recorrer escenarios poéticos universales. De entrada teme una mala jugada del tiempo y el olvido. Sus referentes literarios lo sitúan en un viaje y en su travesía le esperan ciudades y puertos interiores. Es el momento en que el límite entre la ficción y la realidad se ha borrado. Desembarca con su "nave de los locos" en el sueño de la poesía donde va "registrando sus recuerdos".

La "Poética" de Homero Carvalho da una definición particular de literatura: "es la perfecta metáfora estelar del tiempo" porque encierra todos los tiempos, el libro perpetuo que sólo se modifica cuando es leído y se intenta interpretar el caos. Su teoría asegura la existencia de la poesía antes de los humanos en el movimiento de transformación constante de la naturaleza. Saber mirar, saber decir es su propuesta, por eso establece la diferencia y conexión entre poesía y filosofía en el proceso de creación y en esa situación, según el poeta, escribir poesía "es hacerle el amor al lenguaje".

"La poesía es una nube preñada de imágenes. Un niño la ve y se imagina un sombrero, una joven ve un jarajorechi, un hombre ve lo que sus hijos quieren ver… Es la tierra madre a la que volvemos para sembrarnos y paladear sus íntimos sabores…"

O cuando interpreta la música de las palabras: "Poesía es mamatomba serembe cuserembó camba kolla kunumi imilla diko.kon yasoropai Tumpa pe".

Es un recurso muy de Homero el delirio frente al espejo porque a través de él puede mirar todos sus matices y con esa visión camina a través de la escritura que lo conduce a la felicidad, por eso, también, persigue imágenes que llueven de su pluma y despojado de soberbia hospeda en su alma otros caminantes de las letras.

El poeta no tiene nada fácil, que nadie se equivoque, el poeta lucha "con su animal interior", por eso se busca haciendo caminos y dejando huellas y, a la manera de Víctor Hugo, se sumerge en el límite de su inconsciencia para descubrir las olas profundas del prodigio poético reconciliado con los suyos, los que siempre lo esperan.

Los tiempos cambian, la conciencia de valor y triunfo también y, sobre todo, desea ver otros viajeros con sus historias y amores, más cuando versa sobre la inmersión en El País de los poetas, su admiración por Roque Dalton, Panero, Parra, Pizarnik, Plath, Pessoa, Derek Walcot, cuyas vidas son poesía, patria, estado sin amos ni dioses.

Con Bautizar la ausencia, estamos ante la imaginación poética vestida de sencillez y luz, la conexión de un alma con otra, una imaginación dinámica sin la colorida lluvia de excesos, el vínculo con los poetas que sobreviven al tiempo. La imagen devota de la poesía, la catarsis de la escritura y el sentido del silencio después de leer un poema hacen las coordenadas: familia-amor, naturaleza- mundo, conocimiento - palabra - poesía.

Homero Carvalho incorpora el homo Viator en su poesía (el caminante que busca la perfección) y se une a la estirpe de autores que partiendo de su "yo" personal ahonda en el plano conceptual poético o bien parte de pinturas de la cotidianidad con pinceladas de humor, que piden ser reinterpretadas. A manera de testamento recomienda:

> *… mira los luceros desde tu piel y bautiza a tus astros preferidos con los nombres amados de los que se fueron para siempre, de los desaparecidos y de los caídos por un mundo mejor. Esos luceros serán tus propias constelaciones.*

HAYDEÉ NILDA VARGAS GUERRERO
Filóloga

ACERCA DEL AUTOR

Homero Carvalho Oliva, Bolivia, 1957, escritor y poeta, ha obtenido varios premios de cuento a nivel nacional e internacional como el Premio latinoamericano de cuento en México, 1981 y el Latin American Writer's de New York, 1998; dos veces el Premio Nacional de Novela con Memoria de los espejos (1995) y La maquinaria de los secretos (2008). Su obra literaria ha sido publicada en otros países, traducida a otros idiomas y figura en más de treinta antologías nacionales e internacionales como Antología del cuento boliviano contemporáneo e internacionales como El nuevo cuento latinoamericano, de Julio Ortega, México; Profundidad de la memoria de Monte Ávila, Venezuela; Antología del microrelato, España y Se habla español, México. En poesía está incluido en Nueva Poesía Hispanoamericana, España; Memoria del XX Festival Internacional de Poesía de Medellín y Festival de Poesía de Lima. Entre sus poemarios se destacan Las puertas, Diario de los caminos, Los Reinos Dorados, Quipus y Bautizar la ausencia. El año 2012 obtuvo el Premio Nacional de Poesía con Inventario Nocturno y es autor de la Antología de poesía del siglo XX en Bolivia, publicada por la prestigiosa editorial Visor de España. Premio Feria Internacional del Libro 2016 de Santa Cruz, Bolivia. En el 2017, Editorial El ángel, de Ecuador, publicó su poemario ¿De qué día es esta noche?, Antología de poesía boliviana contemporánea, publicada por Amargord editores, de España y Antología de la poesía amazónica de Bolivia, publicada por Ediciones Sur, de Cuba.

ÍNDICE

MEMORIA INCENDIADA

De *Diario de los caminos* (2013)

De *Quipus* (2014)

De *Hora de lejanías* (1981)

De *Bautizar la ausencia* (2018)

Algunos comentarios sobre los poemarios

Colección
PIEDRA DE LA LOCURA
Antologías personales
(Homenaje a Alejandra Pizarnik)

Colección
MUNDO DEL REVÉS
Poesía infantil
(Homenaje a María Elena Walsh)

1

Amor completo como un esqueleto
Minor Arias Uva

***

Colección
PARED CONTIGUA
Poesía española
(Homenaje a María Victoria Atencia)

1

La orilla libre
Pedro Larrea

2

No eres nadie hasta que te disparan / You are nobody until you get shot
Rafael Soler

***

Colección
CRUZANDO EL AGUA
Poesía traducida al español
(Homenaje a Sylvia Plath)

1

The moon in the cusp of my hand / La luna en la cúspide de mi mano
Lola Koundakjian

Colección
MUSEO SALVAJE
Poesía latinoamericana
(Homenaje a Olga Orozco)

Colección
LABIOS EN LLAMAS
Poesía emergente
(Homenaje a Lydia Dávila)

1
Fiesta equivocada
Lucía Carvalho

2
Entropías
Byron Ramírez Agüero

3
Reposo entre agujas
Daniel Araya Tortós

***

Colección
SOBREVIVO
Poesía social
(Homenaje a Claribel Alegría)

1
#@nicaragüita
María Palitachi

***

Colección
MEMORIA DE LA FIEBRE
Poesía de género
(Homenaje a Carilda Oliver Labra)

Colección
LOS PATIOS DEL TIGRE
Nuevas raíces – Nuevos maestros
(Homenaje a Miguel Ángel Bustos)

1
Fragmentos Fantásticos
Miguel Ángel Bustos

2
En este asombro, en este llueve
Antología poética 1983-2016
Hugo Mujica

3
Ceremonias de la sed
Mery Yolanda Sánchez

4
Bostezo de mosca azul
Álvaro Miranda

Colección
TRÁNSITO DE FUEGO
Poesía centroamericana y mexicana
(Homenaje a Eunice Odio)

Para los que piensan como Yves Bonnefoy que "la literatura es una posibilidad de la lengua, la poesía es una manera de despertar la palabra", este libro se terminó de imprimir en el mes de mayo de 2019 en los Estados Unidos de América.

www.ingramcontent.com/pod-product-compliance
Lightning Source LLC
Chambersburg PA
CBHW021358090426
42742CB00009B/916